ABBÉ J. HERVÉ

NOTES
sur la
Famille du Bienheureux Grignion de Montfort

Extrait du *Bulletin Paroissial* de Montfort-sur-Meu
(1925-1927)

RENNES
IMPRIMERIE G. VATAR
1927

LE BIENHEUREUX P. DE MONTFORT

Statue de la Chapelle de Saint-Lazare
à Montfort-sur-Meu

NOTES

sur la

Famille du Bienheureux Grignion de Montfort

Les lignes qui vont suivre ne seront ni un chapitre de la vie du Bienheureux Grignion de Montfort, ni une apologie en sa faveur. Notre but est beaucoup plus simple et plus restreint ; nous voudrions donner ici quelques notes assez brèves sur la famille même du bon Père, en remontant à ses aïeux, pour redescendre à travers la longue série de ses nombreux frères et sœurs, cousins et neveux, qui ont porté si longtemps son nom vénéré. Nous reverrons ainsi les lieux qu'il fréquenta; les maisons qui l'abritèrent avec sa famille nous intéresseront ; nous noterons tout ce qui a pu se rapporter à elle et à lui dans Montfort et aux environs. Cela nous permettra de fixer quelques noms et dates inconnus jusqu'ici, d'exposer certains faits encore ignorés de beaucoup, et surtout d'assigner à plusieurs paroisses la part d'honneur qui leur revient d'avoir possédé le Bienheureux lui-même ou quelques membres de sa famille.

C'est qu'en effet, la gloire des Saints ne meurt pas avec eux. Elle se reflète ici-bas sur les objets à leur usage, qui deviennent des reliques ; elle s'attache aux lieux qu'ils habitaient, où vécut leur famille; et surtout elle les suit dans leur postérité. C'est dans ce sens que nous voudrions rechercher dans ce canton qui le vit naître et grandir, et où vécurent les siens pendant tant d'années, les traces de la famille du Bienheureux.

Dès lors, ces pages ne seront qu'une sorte de contribution, — que nous aurions voulue plus complète, — à l'histoire du grand missionnaire, l'honneur et la gloire de Montfort. Quinze fois écrite déjà depuis sa mort en 1716, sa biographie si attachante va l'être à nouveau tout-à-l'heure : des savants de marque aiguisent leurs plumes à Angers, — en Suisse même, — pour redire les vertus de notre Bienheureux et raconter sa vie, en le replaçant dans le cadre historique exact où il a vécu jadis. Si les quelques notes qui suivent pouvaient donner envie à ses compatriotes de lire tant de belles choses en ces jolis volumes, nous en serions charmé...

Nous parlerons d'abord de la famille Grignion, puis de la famille Robert, de Rennes, qui fut celle de la pieuse mère de notre Bienheureux. Ce faisant, nous aurons l'occasion de publier quelques documents encore inédits jusqu'ici : n'est-il pas bien juste que le *Bulletin* de Montfort en ait la primeur ? (1).

(1) Ces notes ont commencé à paraître dans le *Bulletin paroissial* de Montfort, au numéro d'août 1925. Cédant à des sollicitations aimables de fervents amis du Bienheureux, nous en avons fait ce tirage à part, dans le but de participer tant soit peu à la glorification du grand missionnaire, dont on attend partout la canonisation. Qu'il daigne agréer et bénir ces humbles pages !

J, H.

CHAPITRE PREMIER

La Famille Grignion de Montfort

Les Grignion n'étaient pas d'origine séculaire à Montfort. On a beau compulser les archives de la petite ville, fouiller les registres antérieurs au XVIe siècle conservés soit à la Mairie, au Greffe du Tribunal, ou à Rennes, on ne peut y découvrir ce nom avant 1612 ; cette année-là, le 10 juin, le Recteur de Saint-Jean de Montfort baptisa le premier-né des enfants de « *M. Charles Grignion et d'honorable femme Louise Lechapt* », qui fut nommé Pierre par son parrain, Me Pierre Lemoyne, sieur du Grand-Délieuc, et sa marraine, honorable femme Françoise Legendre, compagne de Me César Letournoux, notaire à M. (Signé : Alain de la Fléchaye, Recteur).

D'où venait Charles Grignion ? — Il serait bien difficile de le dire; nous pouvons seulement faire à son sujet les suppositions suivantes.

Peut-être était-il originaire de Montauban, où de nombreux Grignon se trouvaient au XVIIe siècle ; mais, c'est peu probable. — Peut-être venait-il de Plénée-Jugon (actuellement dans les Côtes-du-Nord) où le nom des Grignon remplit les registres dès le XVIe siècle. Mais, malgré nos recherches sur place, nous n'avons pu rattacher Charles Grignion, de Montfort, à aucune des familles de ces deux paroisses. — La présence d'une sœur de Charles Gr. vers 1640, aux environs de Saint-Gonlay où elle fut marraine au moins trois fois en dix ans, pourrait peut-être indiquer que la famille Grignion avait ses origines du côté de Paimpont ou de Saint-Péran, sa trêve ; nous verrons, d'ailleurs, plus tard, Eustache Grignion aller y prendre femme et sa sœur Renée s'y établir auprès de Coganne. Mais, les registres de ces deux paroisses ne nous fournissent point de renseignements, et nous restons toujours dans les suppositions.

Une dernière pourrait peut-être satisfaire davantage

notre curiosité. Il est certain que des familles Grignon fort nombreuses étaient établies en Anjou et dans le Poitou dès les XVe et XVIe siècles ; le grand Dictionnaire de Beauchet-Filleau en fait foi (2). Qui sait si Charles Grignion ne venait pas tout droit de ces contrées ? Hélas ! nos efforts ont échoué pour trouver le lien qui le rattacherait à l'une ou l'autre de ces familles lointaines. Mais il ne faut désespérer de rien, et, quelque jour peut-être, un chercheur plus heureux arrivera-t-il à le découvrir. Nous en formons le souhait. Il serait curieux en effet, de montrer le Bienheureux Montfort, chassé de tous nos environs, se fixer en Poitou et en Vendée, d'où nous seraient venus ses aïeux, et y semer la bonne nouvelle que la Bretagne aurait refusée...

Certaines raisons, d'ailleurs, militeraient en faveur de cette opinion. L'examen des registres de Montfort est suggestif à cet égard : pas un des dix enfants de Charles Grignion et de Louise Lechapt, baptisés à l'église Saint-Jean, de 1612 à 1630, n'eut comme parrain ou marraine un membre de la famille Grignion. C'était cependant l'usage alors, comme aujourd'hui, que les proches parents reçussent l'honneur du parrainage, aux premiers baptêmes surtout. Premier indice, léger tant qu'on voudra, mais appréciable, de l'éloignement très présumé de la famille de Charles Grignion.

De plus, à cette époque, des pèlerins fort nombreux d'Anjou, du Maine, et du Poitou, passaient chaque année à Montfort pour se rendre à Saint-Méen afin d'y demander la guérison d'une terrible maladie de peau qui sévissait depuis longtemps dans ces contrées. Ce n'est pas le lieu de raconter l'histoire assez curieuse de ce pèlerinage. Disons seulement que l'Hôpital de Montfort, — tout comme celui de Joué, ou du Petit-Saint-Méen, à Rennes, — avait été établi pour recevoir et loger ces pauvres pèlerins, qui, confiants dans la Providence et la charité des habitants des pays où ils passaient, voyageaient sans argent, sous peine de ne point obtenir la guérison qu'ils attendaient. Leur nombre était incalculable (3). Beaucoup mouraient en

---

(2) Beauchet-Filleau, *Dictionnaire des Familles du Poitou.*

(3) Le 6 novembre 1633, dans une délibération de la Communauté de ville (ou Conseil Municipal du temps), les bourgeois de Montfort constataient « *la grande affluence de pauvres malades de Saint-Méen, lequels, au nombre de plus de vingt mille, passent par chascun an pour faire voiage et pelerinage audict Saint-Méen, et logent en l'Hôpital de cette ville.* »

route ; d'autres s'y mariaient et restaient dans nos pays ; des femmes s'y arrêtaient çà et là pour leurs couches. C'était un va-et-vient continuel, dont les registres de nos paroisses ont gardé le souvenir, et qui ne cessa qu'au milieu du XVIIe siècle (4).

Dès lors, qui nous dira si Charles Grignion n'avait pas suivi ces pieuses caravanes, tout jeune peut-être, soit avec un parent, un ami, et que, comme bien d'autres, il n'aura pas préféré se fixer dans nos contrées au lieu de retourner en son lointain pays ?... Il y a là une sorte de mystère difficile à éclaircir aujourd'hui, faute de documents précis.

La difficulté se double, d'ailleurs, de la différence de l'orthographe du nom des Grignion de Montfort avec celle des autres Grignon. Ceux-ci écrivent la deuxième syllabe de leur nom sans *i* (*Grignon*), tandis que la branche de Montfort y a toujours mis un *i* (*Grignion*). Et il y a ici une remarque assez curieuse à faire. Jadis, en effet, les gens même instruits, écrivaient très négligemment leur nom de famille, mettant une lettre pour l'autre sans difficulté, et cela dans la même page, voire à quelques lignes près. On pourrait en citer des exemples ; et ce serait bien le cas de dire que les noms propres n'ont pas d'orthographe... Or, les Grignion de Montfort ont toujours tenu à l'orthographe exacte de leur nom, et ont constamment mis un *i* à la deuxième syllabe. On sent que les parents ont appris cela à leurs enfants, — témoin la première signature du jeune Louis Grignion, au baptême de sa sœur Thérèse, à Iffendic, le 17 septembre 1681 ; il avait alors huit ans et demi, et il s'essayait à écrire ; guidé par son père, il a bien écrit *Grignion*. Tous les autres de même ; à peine deux ou trois exemples pourraient-ils faire exception, et on les expliquerait par l'âge ou le peu d'instruction du signataire. On tenait donc, évidemment, à l'orthographe de famille qu'on se transmettait pieusement de père en fils.

D'où venait cette différence d'orthographe du nom de Grignion ou Grignon ? Il est difficile de le dire. Mais ce qui est certain, c'est que, seuls, les Grignion de la branche montfortaise ont gardé cette orthographe spéciale qui les distingue complètement de tous les autres Grignon. Les écrivains et les auteurs qui ont parlé du Bienheureux Montfort n'ont pas tous saisi cette différence, faute d'avoir

---

(4) Cf. Jacques Doremet : *De l'Antiquité d'Aleth*, p. 62, dans le recueil publié par M. Joüon des Longrais, Rennes, 1894.

étudié les textes originaux, et l'on peut citer trois de ses biographes — et non des moindres — qui ont ainsi, très involontairement sans doute, défiguré son nom (5).

1°) Charles Grignion

Revenons à Charles Grignion, le premier connu de cette nombreuse famille.

Quel était son état social ? Nous ne saurions le dire exactement ; mais, vu les circonstances et ce qu'on peut induire des actes du temps, il était sans doute attaché au greffe du Sénéchal ou de quelque seigneurie du lieu ; et, justement, ce fut Me Pierre Lemoyne, alors Sénéchal du Comté, qui fut parrain de son premier enfant, en 1612, comme on l'a vu plus haut. A n'en pas douter, sa plume le faisait vivre. Mais l'on se rend compte aisément, à la lecture des actes de baptême de ses dix enfants, qu'il monte peu à peu dans l'échelle sociale, préparant à ceux-ci un état plus élevé que celui qui l'avait vu naître : son fils sera notaire, et son petit-fils avocat (6). Ce qui nous confirme dans l'idée de cette ascension réelle, ce sont surtout les dénominations spéciales qu'on lui donne dans les actes du temps. Au baptême de son premier-né, il est dit *honorable homme.* — En 1616, on lui donne le titre de *maître*, ce qui est déjà mieux et indiquerait peut-être qu'il est lui-même alors pourvu d'un office. (Nous disons : peut-être ; car la signification du mot « maître » était variable ; les notaires et curés dans leurs actes dispensaient largement ce titre, comme quelques autres de l'époque, pour faire plaisir aux gens. En 1620, Charles Grignion est dit « *sieur du Chêne-Hardy* » (7). C'est qu'il est devenu propriétaire et qu'il peut se fournir une *sieurie,* qui le désignera désormais dans la cité. Mais ici, le titre repose sur une terre, et il n'est pas

---

(5) Le P. Dalin, en 1839, le P. Fontèneau, en 1887, et M. Boutin, dans leurs ouvrages sur le Bienheureux, ont écrit *Grignon de Montfort.* Tous les autres ont exactement orthographié son nom, parce qu'ils l'ont écrit « *de la manière dont il l'écrivait lui-même* », selon la remarque de M. Jac : *Le Bx Grignion de M. 1903* (page 1, note 1). C'était le meilleur moyen. Or, le Bienheureux a toujours signé *Grignion,* comme son père et ses aïeux.

(6) Nous verrons plus tard que les notaires de cette époque, pas plus que les avocats de baillage, comme celui de Montfort, ne pouvaient se comparer à ceux de notre temps.

(7) Le Chêne-Hardy, près de Travant, en Iffendic.

fictif comme pouvait l'être le précédent. Aussi, le bon Recteur de Saint-Jean ne manque-t-il jamais de le lui accorder dans les actes suivants. Il est dès lors facile de se rendre compte qu'à partir de cette date Me Charles Grignion a pris pied à Montfort. On le voit invité aux grandes cérémonies des baptêmes et mariages dans la petite ville; il y signe souvent, à côté des plus riches habitants (8). Et si les registres de la *Communauté* pour cette lointaine époque existaient encore, on le verrait sans nul doute prendre part active aux délibérations (9). C'est qu'il est donc posé désormais dans la bourgeoisie du lieu.

***

Louise Lechapt, son épouse, était née à Montfort même, en la paroisse de Saint-Nicolas. Nous n'avons pu retrouver la date exacte de son mariage avec Ch. Grignion. Mais nous avons pu compter leurs dix enfants, dont voici les noms avec les dates de leur baptême :

1) Pierre : 10 juin 1612 ; — 2) Ollive : 9 avril 1614 ; — 3) Perrine : 28 août 1616 ; — 4) Eustache : 10 mars 1620 ; — 5) Jeanne : 20 août 1622; — 6) Jean : 17 octobre 1623; — 7) Perrine : 20 mai 1626 ; — 8) Renée : 8 juillet 1628 ; — 9 et 10) Guillaume et Guilmette, jumeaux : 28 février 1630. — Tous furent baptisés à l'église Saint-Jean; mais nous ignorons la rue où demeurait M. Charles Grignion. (Voir note 13).

De ces dix enfants, six nous échappent complètement. Mais, nous pourrons parler plus longuement du quatrième, Eustache, qui continuera la lignée des Grignion à Montfort, et de sa sœur Renée. Nous croyons, de plus, que Perrine — née en 1626 — dut mourir à Rennes en 1686. Quant

(8) Les registres de baptêmes et de mariages à cette époque sont ornés de très nombreuses signatures, la plupart avec paraphes, qu'envieraient bien des registres de nos jours. Il semble qu'à Montfort la plupart des gens savaient alors signer, les hommes du moins, grâce à l'école qu'y entretenait depuis longtemps le prieur de Saint-Nicolas. (Cf. Guillotin de Corson, *Pouillé historique*, III, p. 427).

(9) Les registres de la Communauté de ville ne sont conservés qu'à partir de 1632. Il y a des lacunes de cette date à 1672; mais, à partir de là, ils sont complets jusqu'en 1790, où la *Communauté de Ville* disparaît pour faire place à la Municipalité.

à Pierre, on le dit *sieur de Couascarre* (10) au baptême de son cousin Pierre Denizot en 1632 ; il dut mourir avant 1649, car son frère Eustache prenait alors ce titre, ce qu'il n'eût pas fait du vivant de son aîné. Où et quand mourut-il ? Nous n'en savons rien, pas plus que pour ses six autres frères et sœurs. Les registres de sépultures étaient alors assez mal en ordre, et plusieurs ont été perdus.

Me Charles Grignion mourut jeune, en 1630. Voici d'ailleurs son acte de décès, qui nous donnera une idée des actes de cette époque :

« *Le dimanche douzième de May, en l'église de Saint-Jean de M., fut ensépulturé le corps de deffunct Me Ch. Grignion* (11). *confessé par dom Jean Vissault, communié et mis en Extr.-Onction et assisté à l'article de son décez par missire François Farcy, Recteur, et par dom Olivier Durand.* (Farcy, Recteur de Saint-Jean). (12)

On voit par cet acte combien Charles Grignion était chèr au Clergé de sa paroisse qui s'empressait autour de lui à ses derniers moments ; preuve évidente qu'il était parmi les meilleurs de la cité. Nous reverrons le fait se reproduire au décès de son fils Eustache, en 1669.

Après seize mois de veuvage, Louise Lechapt convola en secondes noces, le 9 septembre 1631, avec Clément Joliff. « *sieur de la Pilardière* ». Elle en eut un fils, appelé Clé-

---

(10) La maison de Couascarre se trouvait au village de l'Abbaye, où on la voit encore ; on l'appelle aujourd'hui le *Chêne-Colas*. C'est la dernière, à gauche, en allant vers Breteil. On en reparlera d'ailleurs plus tard ; car, c'est dans cette humble demeure que se retirèrent les parents du Bienheureux, vers 1707, et que mourut son père, en 1716. — Me Jean Denizot, notaire royal à Montfort, était cousin de Louise Lechapt.

(11) Nos lecteurs savent déjà ou apprendront qu'on enterrait alors souvent dans les églises. Les principales familles y obtenaient la sépulture, moyennant un certain droit de *tombage*, comme on disait, lequel formait un des gros revenus de la Fabrique paroissiale. Cet usage ne cessa qu'au milieu du XVIIe siècle. Le Bienheureux Grignion l'avait vivement combattu dans ses Missions, pour plusieurs raisons. Mais les populations y tenaient beaucoup, et il fallut la sévérité des édits pour le faire abolir. Seuls les seigneurs de paroisse et le clergé continuèrent, jusqu'à la Révolution, d'être enterrés dans le lieu saint.

(12) Registre de la Mairie de Montfort, pour 1630. — Le petit mot *dom* (du latin *dominus*, maître), s'adjoignait alors au nom des prêtres. Plus tard, on dira *missire*. Certains ordres religieux gardent encore l'appellation antique, les Bénédictins, par exemple ; on dit *dom Guéranger, dom Lobineau*, etc.

ment, le 25 janvier 1633. Mais, hélas ! elle était déjà veuve à nouveau : son mari s'était noyé sept mois auparavant (8 juillet 1632), en prenant un bain dans le Meu, « *auprès de la Motte, en Saint-Jean* ». On l'avait inhumé à l'église de Saint-Nicolas, qui était leur paroisse à ce moment (13).

Louise Lechapt trouva un troisième mari : ce fut Me Pierre Raffray (14), qu'elle épousa le 26 octobre 1637 dans l'église Saint-Nicolas. Son fils Eustache, alors âgé de 17 ans, fut parmi les témoins et signa au registre. Sa mère avait alors 44 ans. Elle vécut encore longtemps, et, son fils s'étant établi et marié à Montfort, elle put bercer ses quatre premiers enfants, dont le père du Bienheureux. Elle mourut à 65 ans, le 22 décembre 1658, et fut inhumée dans l'église de Saint-Jean (15).

Renée Grignion, fille de Charles et de Louise Lechapt, née en 1628, avait eu pour parrain Me Noël Guillemot, greffier de Montfort, et pour marraine Dlle Renée de Forzans du Houx, fille d'écuyer Isaac de Forzans, sénéchal du comté. Elle épousa, vers 1660, « *noble homme* » Guy Saulnier, sieur du Pré-Thébault, de Coganne, en Paimpont, dont elle eut plusieurs enfants. Son mari, mort en 1684, à 46 ans, fut inhumé dans l'église tréviale de Saint-Péran « *par la permission des RR. PP. de l'Abbaye de Paimpont, à cause de l'injure du temps et de la grande abondance des neiges* » (12). Mais, Renée Grignion, décédée au Pré-Thébault en 1685, fut enterrée dans l'église de Paimpont. Elle avait 57 ans (12).

---

(13) Il est donc bien probable que Charles Grignion ne possédait pas la maison natale du Bienheureux, rue de la Saulnerie, puisque sa veuve était allée demeurer, avec son second mari, en Saint-Nicolas. C'est Eustache qui dut l'acheter plus tard pour y demeurer.

(14) Me Raffray était notaire royal à Montfort.

(15) L'acte de décès qui suit nous paraît curieux à noter ici ; « *Le 18 novembre 1639, dedans le cimetière de Saint-Jean de M..., fut ensépulturé le corps de deffuncte Françoise Joliff, de la paroisse de Chollet, païs d'Anjou, laquelle demeura malade au logix de M. Jean de Talensac, faisant le voïage de Dieu et de Monsieur Saint Méen* ». — Y a-t-il là simple hasard ou coïncidence ?... M. Clément Joliff, le second mari de Louise Lechapt, n'était-il pas, lui aussi, du pays de Cholet ? Et Charles Grignion n'en venait-il point lui-même ? — Question de détail, sans doute, mais qui peut être utile, l'histoire ayant souci des moindres faits.

Guy Saulnier était le frère de Jacquemine, épouse d'Eustache Grignion, dont nous allons parler tout à l'heure.

Me Charles Grignion avait été trésorier de la paroisse Saint-Jean dès 1613, avec Guyon Mérel. Leur compte de gestion, conservé aux Archives à Rennes, débute ainsi :

« *Compte tant en charge que décharge que tiennent et rendent Ch. Grignion et Guyon Mérel, ayantz été assemblement thrézoriers et marguilliers de l'églize et paroisse Saint-Jean de M... en l'an commençant le 1er jour de may 1613 et finit à pareil jour 1614, au* Général *des paroissiens d'ycelle paroisse et aux marguilliers suivants, de ce que lesditz comptables ont géré en leur année...* » (16).

Etre trésorier comptable n'était pas un honneur dévolu à tous ; les trésoriers paroissiaux qui, à cette époque et jusqu'à la Révolution de 1789, régissaient effectivement les affaires de la Fabrique, devaient présenter des garanties de foi, de mœurs, et d'instruction particulières que tous ne fournissaient pas. Choisis à l'élection chaque année par les membres du *Général* (ou Conseil paroissial du temps), ils servaient l'église pendant un an. — On voit qu'à Saint-Jean de M.... le service des trésoriers commençait au mois de mai. — Ils étaient ordinairement deux et tenaient les comptes chacun leur semestre. A la fin de leur gestion, ces comptes étaient visés par l'Evêque lui-même ou par son délégué. Et, dans ces temps de foi, des hommes qui remplissaient dans la ville les plus hautes situations, ne dédaignaient point, étant trésoriers, de porter la bannière aux processions, de distribuer le *pain bénit* à l'église de leur paroisse, etc. D'ailleurs, élus par les suffrages du *Général*, ils ne pouvaient s'en dispenser que pour de graves raisons ; car cette charge était comme une fonction civile à laquelle, de droit, ils devenaient astreints. Au bout de l'année, ils rentraient dans le rang, et c'est parmi eux que se recrutaient les membres du *Général* (17).

L'élection de Me Charles Grignion à ce poste d'honneur, dès 1613, est l'indice qu'il habitait Montfort depuis quel-

---

(16) *Archives d'Ille-et-Vilaine,* Montfort, Saint-Jean : G. 516.

(17) Inutile d'expliquer ici longuement la composition et le rôle du *Général ;* le *Bulletin* l'a déjà fait jadis. Rappelons qu'on désignait ainsi, par abréviation, l'assemblée générale, ou le corps général des paroissiens, qui, réunis en nombre compétent, réglaient les affaires de la paroisse. Le *Général,* scindé en deux à la Révolution, a été remplacé par la Fabrique et le Conseil Municipal. — Montfort avait de plus, une Communauté de Ville, dirigée par un Maire, et composée de *nobles bourgeois.* (Voir note 24).

que temps déjà ; car on ne prenait jamais pour trésorier un nouveau venu avant qu'il n'eût donné des preuves suffisantes de « bonne religion et mœurs » aux yeux de tous. Me Ch. Grignion n'y avait pas manqué.

— Signalons enfin qu'il était enrôlé dans cette antique confrérie de Saint-Jean de M..., nommée la *Frairie blanche*, qui groupait les meilleurs chrétiens de la ville et des environs sous la bannière de Marie, affirmant ainsi sa foi vive et sa piété. Quand il mourut, en 1630, le *nécrologe* inscrivit son nom parmi les défunts, et on pria pour lui (18).

Passons maintenant à son fils.

2°) Eustache Grignion

C'est lui qui continua la famille à Montfort. Il y était né, on l'a vu, en 1620, et il épousa le 4 novembre 1645, à Saint-Péran, damoiselle Jacquemine Saulnier. Son acte de mariage le dit « *sieur du Fresche* », ce qui indique que la famille avait acquis un nouveau coin de terre, lequel, paraît-il, n'était qu'un simple champ des environs.

Me François Saulnier, le père de Jacquemine, s'était marié en 1612, à Saint-Pern, près Bécherel (19), à demoiselle Guilmette Dolivet (20), qui lui donna au moins huit enfants, dont Guy, mentionné plus haut, et la future grand' mère du Bienheureux. Née en 1621 au Pré-Thébault, tout proche de Coganne en Paimpont, Jacquemine Saulnier avait d'abord épousé Me Jean Maillard, sieur de la Buzardière, procureur au siège royal de Ploërmel, qui la laissa veuve de bonne heure avec une fillette de deux ans. Celle-

(18) Voici le titre du très vieux registre qui garde encore le souvenir de cette confrérie : « *Sensuit les noms de tous les frères deffunctz de la noble confrairie, vulgairement appelée la Frairie blanche de Montfort, ffondée en l'église de Saint-Jehan de M... en l'honneur et révérence de Dieu et de la Nativité de la benoiste et très glorieuse Vierge, en l'an mil quatre centz trante et un* ». — (*Archives d'Ille-et-Vilaine*, série G, n° 516). — La *Frairie blanche* dura jusqu'à la Révolution.

(19) En 1667, noble homme Jean Saulnier, sieur de Coganne, épousa Jeanne Gautier, à Bâzouges-la-Pérouse.

(20) La famille Dolivet avait fourni plusieurs prêtres au pays de Bécherel et des environs ; François Dolivet était curé en 1597. (PARIS-JALLOBERT : *Registres paroissiaux :* Saint-Pern, p. 26).

ci mourut peu après, d'ailleurs, et fut enterrée avec son père dans la chapelle de Saint-Péran (21).

La famille Saulnier était des plus marquantes au pays de Paimpont, Plélan, Saint-Péran, Treffendel, etc..., où ses membres étaient légion, et dont les registres ont gardé leur souvenir. Par ses alliances, cette famille nombreuse se reliait à toutes les meilleures des environs, les Lemoine, les Macé (22), les Loryot, les Guyon, les Jouno, etc... Un oncle de Jacquemine, Me Jacques Saulnier, sieur de Ville-Aubry, greffier de Brécilien, et Jeanne Guyon, son épouse, avaient fait bâtir en 1620, à leurs frais et sur leur terrain, la chapelle de Coganne, qui est toujours debout. Un autre Saulnier avait élevé celle des Forges, où il demeurait. Le domaine de Fourneaux, et plusieurs autres aux alentours, étaient aux Saulnier. Six mois avant son mariage, Jacquemine avait vu mourir, au Pré-Thébault, son oncle, V. et D. missire Jean Saulnier, qui fut enterré dans la chapelle de Saint-Péran. Autant d'indices, parmi bien d'autres, que cette famille nombreuse, bienfaitrice de la paroisse, devait être fort considérée dans le pays.

Me Eustache Grignion était, avons-nous dit, notaire royal à Montfort. Nous connaissons deux actes importants signés de lui : d'abord un contrat concernant les moines de l'Abbaye Saint-Jacques, puis l'acte de mise en possession du manoir du Bois-Marquer, en Iffendic, le 25 octobre 1622, après la vente de ce bien consentie par Me G. Dotillé à Me Macé Hindré, sieur de Tréhieuc. C'est tout. Il faut se rappeler que les notaires n'avaient point, surtout dans nos campagnes, l'importance qu'ils ont de nos jours (23). Mais

---

(21) Saint-Péran, d'abord simple chapelle de frairie comme l'est encore aujourd'hui celle de Coganne, venait d'être élevée, en 1606, à l'état de *trève paroissiale,* avec son chapelain, nommé par les moines de Paimpont, son cimetière, ses registres, et ses fonts baptismaux. Les trèves étaient nombreuses alors en Bretagne ; on les appelait *églises fillettes* ou *succursales* de l'église-mère, dont elle dépendaient toujours. Saint-Péran fut séparé de Paimpont en 1803.

(22) La famille Macé donna au diocèse de Saint-Malo un archidiacre, Missire Gabriel Macé, qui était en même temps Recteur de Beignon ; c'était le cousin de Jacquemine Saulnier.

(23) On distinguait alors deux sortes de notaires : 1° les notaires *royaux,* créés par le roi dans les justices royales pour recevoir les actes faits entre toutes sortes de personnes, de quelque qualité qu'elles fussent ; et leurs contrats étaient exécutoires dans tout le royaume; — 2° les notaires des seigneuries, qui ne pouvaient recevoir les actes que dans leurs juridictions spéciales ; leurs contrats n'avaient force de droit que dans leur ressort (CHÉRUEL, *Dictionnaire des Institutions,* II, p. 870).

ils jouissaient cependant d'une haute considération, dont Eustache Grignion nous fournira l'exemple. Déjà largement posé par son titre de notaire royal en la petite cité montfortaise, celui-ci verra les honneurs l'environner bientôt ; et le cumul de ses diverses charges nous est le sûr garant de ses capacités et de ses vertus.

— Dès 1648, il est élu trésorier de la paroisse Saint-Jean, et il s'honore, comme son père, de servir l'église fidèlement. Une note, mise en marge du registre et signée du Recteur, M. Hindré, résume en quelques mots les dépenses qu'il a faites au cours de sa gestion, et semble vouloir parer à quelques critiques qui avaient dû s'élever contre lui. N'y eut-il pas des mécontents et des jaloux en tous temps?

— La *Communauté de ville* l'avait accueilli (24) dans son sein en 1646, et on le voit assister aux délibérations communales jusqu'en 1647. A ce moment, le registre se termine, et quand le suivant se rouvre, à la date du 13 mai 1672, Eustache Grignion était mort depuis trois ans. Mais nul doute qu'il n'ait pris part jusqu'à la fin à la gestion des affaires de la Ville, dont il devint même Syndic pendant quelque temps (26). Cette charge était la plus haute et la plus honorable de la cité. Malheureusement, les registres de délibérations de cette époque ayant disparu, on ne peut donner aucun renseignement sur les actes de Me Grignion comme Maire de la ville (27).

— Sa charge de Syndic lui permit d'être choisi pour représenter sa ville natale aux Etats de Bretagne en 1659:

---

(24) La *Communauté de Ville*, ou Municipalité d'alors, ne se recrutait point, comme de nos jours, par élections. Ses membres y étaient admis sur demande spéciale de leur part, et les nobles bourgeois délibérants agréaient ou non le candidat. D'ordinaire, la chose était réglée d'avance, et le nouveau venu était admis « à son tour et rang aux délibérations », après avoir fait le serment d'usage « *de se bien et fidellement comporter pour le bien et utilité des ordres du Roy* ». Les Recteurs des trois paroisses et le *scholastique*, ou maître d'école, faisaient partie de droit de la Communauté de Ville.

(26) Le Syndic, ou Maire, était choisi parmi les bourgeois délibérants. A Montfort on votait sur trois noms. Faute de documents, par suite de la perte des registres, on n'est pas très renseigné sur les particularités de cette époque, les coutumes variant souvent.

(27) Me Eustache Grignion put être témoin des *apparitions* de la Cane de Montfort, en 1645 et 1649. Mais son nom ne paraît nulle part dans les procès-verbaux. Cf. Ed. Vigoland, *Montfort, Histoire et Souvenirs*, p. 49 et sq, et Joüon des Longrais, *Jacques Doremet, sa vie et ses ouvrages*, p. 71.

c'était un nouvel honneur ajouté au premier, — honneur fort recherché d'ailleurs pour les privilèges auxquels il donnait droit. Les députés, ordinairement deux, partaient chargés des ordres de la Communauté de ville qui leur donnait « *tout pouvoir de requérir, d'agir, et de consentir ce qui requis sera pour l'utilité de la Ville et de ses paroisses* » ; et, une fois de retour, ils rendaient compte de leur mandat. Le *miseur*, ou receveur des octrois de la Ville, leur payait leur frais de route et de séjour aux Etats (28). Il va de soi qu'une haute considération s'attachait au nom de député et rejaillissait sur sa famille.

En 1661, Eustache Grignion signait « *habitant de Montfort, entien thrésorier et Syndic.* »

— Jusqu'en 1657, on voit les actes publics lui donner le qualificatif de *maître*. Ce n'est qu'en 1658 qu'il est appelé *noble homme*, à un baptême où la marraine est Jacquemine Saulnier, « *compaigne de noble Homme E. G.* » Désormais, on n'y manquera plus, et un acte de 1663 ajoute à cette qualité tous les titres qu'on peut lui attribuer : « *Noble homme Eustache Grignion, sieur de Couascarre, la Croix-Ruby, la Bachelleraye, et Sénéchal de la Vicomté de Tréguil, Saint-Lazare, la Touche-Parthenay.* » — La Croix-Ruby était une petite ferme dont les bâtiments s'élevaient au-delà des Tardivières, sur la route de Rennes, où une pièce de terre rappelle encore son nom. — Quant à la Bachelleraye, tout le monde sait qu'elle est située en Bédée, à trois kilomètres de Montfort. On en reparlera plus tard. Remarquons seulement ici qu'Eustache Grignion a dû en faire depuis peu l'acquisition, puisqu'il n'en portait pas le titre auparavant. Malheureusement, nous n'en savons pas plus long, faute de pouvoir recourir aux archives des notaires qu'on ne retrouve plus pour ces temps éloignés.

— En le voyant appeler *noble homme*, le lecteur pourra se demander si Me Eustache Grignion ne venait pas d'entrer dans l'ordre de la noblesse. Il n'en est rien. Ce titre, qu'on donnait alors à profusion à tous les possesseurs d'une fortune moyenne ou à quiconque jouissait d'une certaine

---

(28) Me Jacques Lemoyne, sieur des Grippeaux, fut député en 1641, à Rennes, avec M. Jean Duplessix ; on leur alloua « *la somme de douze-vingt quinze livres à chascun, à raison de 6 livres par jour, les-quelles sommes font 510 livres* ». Il semble bien que, plus tard, Montfort n'eut plus qu'un seul député aux Etats (*Registre de la Communauté de ville*, BB²). — Sur les *Etats*, cf. Chéruel, dans son *Dictionnaire des Institutions de la France*, II, p. 378.

considération dans la société de son pays, était purement honorifique, et ne comportait nullement l'attribution des droits possédés par la noblesse. L'usage de flatter ainsi la gloriole des bourgeois ou des riches roturiers, ne datait alors que d'un siècle environ. Il n'y eut jadis que les vrais nobles à porter ce titre ; puis la bourgeoisie se l'étant fait attribuer dans les actes, bientôt les nobles le délaissèrent et se firent appeler *écuyers* ou *chevaliers :* de sorte que, dit un auteur, « par une singulière altération, le mot *noble*, placé devant un nom d'homme, en était arrivé à désigner un roturier et un bourgeois » ; et dès lors, une manière sûre de reconnaître qu'un tel n'était pas noble, c'était de savoir si on lui donnait ce titre... (29).

Aussi, Me Ch. Grignion, tout comme bien d'autres à Montfort à cette époque, très fiers de cette appellation, n'avait de noble que le nom ; mais, naturellement, il suivit l'usage du temps, et, dans les actes publics, accepta gracieusement cette dénomination. Il savait bien que son père n'avait jamais été noble; ses aïeux ne l'avaient jamais été non plus ; il appartenait donc à la bonne bourgeoisie, et ne s'en plaignait point. Son fils et ses descendants ne prétendront jamais au titre et à la qualité de nobles. On le verra bien, particulièrement, quand Jean-Baptiste Grignion, père du Bienheureux, achètera le Bois-Marquer, en 1675, et dans d'autres cas encore... Mais, n'anticipons pas; nous aurons l'occasion alors de discuter la chose plus amplement, avec textes à l'appui.

***

Eustache Grignion mourut en 1669 ; voici son acte de décès, copié au registre paroissial de Saint-Jean : « *Le neufvième du mois d'aoust est décédé maistre Eustache Grignion, en son vivant sieur des Couascaures, notre paroissien, demeurant en sa maison rue de la Saulnerie, en l'enclos de la ville, muni des saints Sacremens de Pénitence, et de l'autel, et de l'Ext.-Onction; et mesme assisté à la fin par moy qui soubsigne, recteur de Saint-Jean et doyen de M..., mesme aussy par missire Guillaume Oresve et missire Alain Régnier, prestres de la ditte paroisse; le corps dudict deffunct a esté inhumé dans l'église de Saint-Jean, près l'autel Sainte-Anne, du côté de l'Evangile, le 11*

(29) Cf. M. Trévidy : *Le titre de noble homme*; — et un article plus court de M. Haize, dans la *Revue du pays d'Aleth*, 1907.

du mois d'aoust 1669. (Signé : Pierre Hindré, Recteur). — M. Grignion n'avait que 49 ans.

Le lecteur remarquera toutes les précisions mises en cet acte par le doyen de Saint-Jean. Mais il admirera surtout combien le défunt était tenu en haute estime : tout le clergé de la paroisse réuni autour de sa couche à ses derniers moments, sa sépulture accomplie jusqu'au pied des autels, cela ne suffit-il pas pour montrer qu'Eustache Grignion devait être un des meilleurs paroissiens de la cité ?

D'ailleurs, il avait manifesté spécialement sa foi, en léguant par testament à l'église de sa paroisse une rente annuelle, en forme de fondation, assise sur des biens immeubles, afin de se réserver des prières après sa mort. En marge de son acte de décès, on lit, en effet, ces mots : *Testament et fondation, au rapport de Mᵉ César Delanoë, nottaire.* » — C'était l'usage alors de faire en mourant quelques générosités à la Fabrique de sa paroisse ; le Recteur l'indiquait au registre par ces mots : *a testé,* ou bien *testament.* La donation de M. Grignion est une des seules indiquant le nom du notaire : preuve sans doute que les autres, moins importantes, n'exigeaient pas son concours.

Nous n'avons point le texte du testament de Mᵉ Eustache Grignion qu'il avait fait le 3 août, huit jours avant sa mort. Mais, nous connaissons une partie au moins des immeubles légués par lui. Ces biens de fondation étaient alors gérés par la Fabrique (ou le *Général*), qui les affermait à des particuliers. Or, on lit au répertoire de Mᵉ Robiquet, notaire à Montfort, pour l'année 1768, les lignes suivantes : « *Du 21 octobre, ferme de 9 ans de deux pièces de terre, sittuées en Saint-Jean de M..., et deppendantes de la fondation d'Eustache Grignion, pour 36 livres par an, consantie à Joseph Gandon, par Yves Jublanc, thrésorier en charge de la présente année. Controllée à M... par Mᵉ Juguet; reçu 6 sols* » (30).

Ce n'était là qu'une partie de la fondation ; car, les Archives de Rennes nous apprennent qu'à la Révolution, les biens d'Eglise ayant été saisis, le District de M... fit vendre « *la pièce de la chappellenie de la Croix-Rouge et le Clos-Thorel, en la paroisse de Bédée* (31), *dont jouissait Julienne*

(30) Minutes de Mᵉ Robiquet, au notariat de Bédée.

(31) Ces champs dépendaient de la petite métairie de la Croix-Ruby dont on a parlé plus haut, et qui appartint plus tard à M. Félix-Joseph Grignion, oncle du Bienheureux.

Cosnard, et le tout acheté par le sieur Jean Demay pour 1250 livres, donnant 48 livres de revenu » (32). Cette somme, jointe à la première, donnait un total de 84 livres, ce qui n'eût pas fait moins de 250 francs de notre monnaie d'avant-guerre.

De plus, cette fondation comportait une clause particulière assez curieuse : les héritiers du testataire devaient payer chaque année « *une somme de 3 livres au segrétain et porteur de clochette pour rassembler les paroissiens pour entendre le service de Dieu les jours de dimanches et festes, mesme du jeudy de chaque semaine et autres à la manière accoutumée* » (33). Nous savons cela par une réclamation du sacristain de Saint-Jean, nommé Louis Chollet, qui se plaignait au *Général*, en 1754, de n'avoir rien reçu depuis plus de 20 ans, proposant d'ailleurs d'abandonner ces arrérages au profit de la Fabrique pour les besoins de l'église. Le *Général* chargea les Trésoriers de faire rentrer cette somme de 60 livres, que Jean-Baptiste Grignion, de l'Abbaye, et son neveu, J. Danet, représentant les héritiers Grignion, s'empressèrent de verser entre leurs mains, en s'excusant de leur oubli.

Jacquemine Saulnier survécut longtemps à son mari défunt ; elle mourut en 1683, dans sa maison de la Saulnerie. Voici son acte de décès : « *Le 15e febvrier, a esté inhumé dans l'église de Saint-Jean le corps d'honorable femme Jacquemine S..., dame des Couâseaux, munie des Sacrements..* » (P. Hindré, Recteur). — Elle eut ainsi le temps de voir naître, en 1673, le futur Bienheureux, qu'elle berça sur ses genoux et qu'elle vit grandir jusqu'à dix ans, sans se douter de sa gloire à venir, mais déjà charmée de ses précoces vertus.

Elle aussi avait fait en mourant un testament, afin de se ménager des suffrages au delà de cette vie. En marge de son acte de sépulture, on lit au registre de 1683 : « *Testament non signé : Doré, rapporteur.* » (Me Doré était alors un des notaires de Montfort). Ne nous étonnons pas que Jacquemine Saulnier n'ait pas signé. Les femmes alors ne savaient pas toutes écrire, étant bien moins instruites

---

(32) *Archives d'Ille-et-Vilaine,* 1Q. 38.
(33) *Idem :* Délibérations du *Général* de Saint-Jean; G. 516.

que les garçons dont on s'occupait beaucoup plus. Et puis, l'âge et la maladie avaient peut-être empêché la bonne dame de signer ses dernières volontés. — Nous ne savons rien de plus de ce testament, dont le texte est perdu.

Jacquemine Saulnier avait donné à son époux, de 1647 à 1663, six enfants, dont voici les noms :

1° *Jean-Baptiste*, né le 16 et baptisé le 27 janvier 1647, « *nommé et tenu sur les fonts du Baptême par haut et puissant Seigneur Jean-Baptiste d'Andigné, Seigneur de la Châsse, Conseiller du Roy au Parlement de ce païs, assité de Dlle Jeanne Dupré, dame des Grippeaux.* »

2° *Marie* (12 octobre 1649), dont la marraine fut Guilmette Dolivet, dame du Pré-Thébault, sa grand'mère.

3° *Joseph*, né le 29 janvier 1651.

4° *Henry* (4 août 1657), qui eut pour parrain « *messire Jean Barrin, Seigneur, vicompte de Tréguil, du Bois-Geffroy, de la Haye, du Bois de Pacé, etc., Conseiller du Roy en ses Conseils privez et en sa Cour de Parlement de Bretagne.* » (34).

5° *Pierre-Joseph* (3 mars 1659), nommé par Messire Pierre Hindré, Recteur de Saint-Jean-de-Montfort.

6° *César-Félix-Joseph*, né le 30 avril 1663.

De ces six enfants, nous ne connaissons que le premier et le dernier, dont nous pourrons parler longuement. Nous savons que Pierre-Joseph ne vécut que peu de mois et fut inhumé dans l'église de Saint-Jean ; mais nous ignorons tout des trois autres, qui durent mourir jeunes, en nourrice sans doute, et non à Montfort, où l'on n'a point trouvé leurs actes de décès. En tous cas, lorsqu'en octobre 1681, Jacquemine Saulnier, « *s'étant démise de ses biens* », en fit le partage entre ses enfants, ils n'étaient plus que deux à recueillir l'héritage : Jean-Baptiste, l'aîné, sieur de la Bachelleraye, et Félix-Joseph, sieur de Couascarre, « *qui dans la suite et a pris la seigneurie de la Noë* » (35).

---

(34) C'était le père de M. l'abbé Barrin, un des futurs protecteurs du P. de Montfort à Nantes, auteur d'une fort belle épitaphe qui orne le tombeau du Bienheureux à Saint-Laurent-sur-Sèvre.

(35) La terre de la Noë est en Saint-Malon; on l'appelle aujourd'hui la Noë-Grignion, en souvenir de la famille du Bienheureux. — Rappelons-nous que Couascarre, ou les Couaseaux, ou Couâcavre, sont le Chêne-Colas actuel, en Breteil. Nous y reviendrons plus tard. — La mention de ce partage est aux Archives de la Mairie de Montfort : *Succession de M. Félix Grignion, en 1737.*

Parlons d'abord de Jean-Baptiste, qui fut le père du Bienheureux.

3°) Jean-Baptiste Grignion

Père du Bienheureux (1647-1716)

Comme nous avons la preuve que Félix-Joseph, son frère, avait été « *escholier à Rennes, en 1682* » (36). Il est évident que Jean-Baptiste avait dû également y étudier chez les Pères Jésuites, où il enverra plus tard ses enfants; et c'est à Rennes sans doute que, pendant ses études de droit qui suivirent celles du collège, il put connaître la famille Robert où il entrera bientôt.

Dès 1666, il était dit sieur de la Bachelleraye. En 1670, on le voit appeler *Maître* dans les actes, preuve qu'il a déjà ses grades ; et, au moment de son mariage, en 1671, il est depuis quelque temps « *avocat au baillage de Montfort* », où il plaidait alors assez souvent. A part cela, nous ignorons tout de sa jeunesse, et nous arrivons à son mariage.

Le 10 février 1671, — à 24 ans, — il épousait, dans l'église de Toussaints de Rennes, Dlle Jeanne Robert des Chesnais, fille de Mr Jean Robert, sieur de Launay, *l'un des notables bourgeois et échevins de la ville de Rennes,* et de Dlle Françoise Timel, tous deux vivants. Le mariage fut célébré par Missire Julien Mainguy, prêtre de la paroisse, qui ne semble pas avoir été parent ou allié des époux. Chose rare en ce temps-là, les bannies à l'église n'avaient été faites qu'une fois, l'Evêque de Rennes et celui de Saint-Malo, ayant accordé dispense de deux bans (37). La cérémonie réunit une foule de parents et d'amis, du côté des Robert surtout, comme en témoignent les nombreuses signatures apposées au bas de l'acte au registre de la paroisse. Nous retrouverons d'ailleurs tous ces noms en parlant plus loin de la famille Robert, très considérée à Rennes à cette époque.

Jeanne Robert vint habiter Montfort, rue de la Saulnerie, avec son époux. Un an après, le 16 février 1672, elle

---

(36) Acte de Baptême à Saint-Jean, 14 mars 1682; Félix-Joseph avait alors 19 ans.

(37) Cette dispense de deux bans semble indiquer un état social assez élevé, bien qu'elle ne fût pas le cas général dans la bourgeoisie ni même dans la noblesse du temps, où d'ordinaire on publiait trois fois les bans. (*Registre paroissial de Toussaints de Rennes,* pour 1671).

lui donna son premier enfant, que dix-sept autres devaient suivre, à intervalles quasi réguliers, dans l'espace de 20 ans. Quatre seulement naquirent à Montfort.

1° Le premier-né fut appelé *Jean-Baptiste,* comme son père, en souvenir du saint Patron de la paroisse, que la plupart des familles d'alors tenaient à honorer en donnant son nom à l'un de leurs enfants. Me Jean Robert, son grand-père, et Jacquemine Saulnier, dame des Couaseaux, sa grand'mère, le tinrent sur les fonts du Baptême. Une nombreuse assistance se pressait autour du nouveau-né; près de vingt signatures, au registre, attestent la joie de la famille en face de ce premier berceau. — Malheureusement, l'enfant ne vécut pas longtemps; il mourut dès le 6 juin suivant et fut inhumé dans l'église Saint-Jean.

2° A peine un an plus tard, le 31 janvier 1673, le ciel donna un second fils à Jean-Baptiste Grignion et à son épouse : ce fut Louis, le futur Bienheureux, celui qui devait illustrer à jamais le nom de sa famille et de sa ville natale. Voici son acte de baptême que nous copions textuellement au registre paroissial :

« *Le 31e de Janvier 1673, est né Louis Grignion, fils de N. H. Jean-Baptiste Grignion et de Dlle Jeanne Robert, sa femme, sieur et dame de la Bachelleraye, nos paroissiens. Il a été tenu sur les fonts du Baptême par messire Louis Hubert, sieur de Beauregard, et Dlle Marie Lemoine, dame de Tressouët. La cérémonie du Baptême a été administrée dans l'église de Saint-Jean par moy soubsigné Pierre Hindré, prestre, Recteur d'ycelle, et doyen de Montfort.* »

L'acte est suivi de nombreuses signatures, avec de grands et beaux paraphes, comme c'était l'usage alors, où les hommes surtout savaient beaucoup mieux écrire qu'on ne le croit communément. Ceux qui signaient ainsi ce jour-là étaient loin de se douter de la grandeur future de l'enfant qu'on venait de baptiser. Aucun d'eux sans doute ne pensa à répéter le mot de nos Saints Livres : *Quis, putas, puer iste erit ?* (Que deviendra tantôt cet enfant ?) S'ils l'avaient pu soupçonner, quelle eût été leur joie ! Mais les desseins de Dieu sont cachés... Du moins plusieurs d'entre ces témoins vivront asez longtemps pour assister à l'épanouissement des vertus du jeune Louis; d'autres le verront grandir, humble et pénitent, mais couvert de la gloire des saints missionnaires. Et ils en béniront Dieu.

Remarquons que le jeune Grignion n'a reçu au Baptême qu'un seul prénom : Louis, celui de son parrain. Plus tard, il y ajoutera le beau nom de Marie, qu'il aimait tant; et il signera « *Louis-Marie Grignion de Montfort* ». La plupart des auteurs ont cru qu'il avait choisi ce second prénom au jour de sa Confirmation. Nous n'osons pas y contredire, n'ayant pas plus qu'eux moyen de l'affirmer. Cependant, il est à remarquer que dans toutes les signatures qu'il a données à divers registres de Rennes, il n'a jamais écrit qu'un seul prénom: Louis (38). Pourquoi ne signait-il pas Louis-Marie ?... Ce ne fut que plus tard qu'il en prit l'habitude ; de sorte que nous serions portés à croire que le jeune Grignion n'ajouta au sien le nom de Marie qu'au jour de sa Consécration à la Sainte Vierge, pendant qu'il était séminariste de Saint-Sulpice à Paris (39), ou bien au jour de son ordination au sous-diaconat ou à la prêtrise.

Son parrain, Me Louis Hubert, fils de Pierre « *maistre oppérateur à Montfort* », était lui-même « *appoticaire et médecin fort expérimenté* »; mort en 1695 « *au village de la Prinze, en son lieu de Beauregard* », il fut inhumé dans l'église de Coulon. Hélène Cornillet, son épouse, qui mourut en 1712, était née à Bécherel en 1639 et cousine de Jacquemine Saulnier. — Quant à la marraine de Louis Grignion, Dlle Marie Lemoine, dame de Tressouët, elle était également apparentée à la famille Saulnier, et demeurait aux environs de Coganne ou de Saint-Péran.

L'enfant fut mis en nourrice chez la mère André (ou Andrée), à la Bachelleraye, en Bédée (40), plus probable-

---

(38) Il signe Louis tout simplement le 17 décembre 1686, au baptême de sa sœur Jeanne, à Saint-Sauveur de Rennes; le 5 janvier 1689, à Saint-Germain, à celui de son frère Jean-Baptiste, et le 7 mai, à Saint-Sauveur, à celui d'un cousin Deffains; le 21 février 1690, au baptême de son frère Guillaume-Ambroise, à Saint-Etienne de Rennes.

(39) « C'est dans une de ses visites à la Vierge à la Métropole (de Paris), que le jeune clerc se consacra à Dieu, même avant le sous-diaconat, par le vœu perpétuel de chasteté ». (Mgr Laveille, *Le Bienheureux Grignion de Montfort*, 1907, page 88).

(40) La Bachelleraye appartenait à M. Grignion, et il en portait le titre depuis quelque temps. — Evidemment, aux yeux des biographes qui ont voulu placer la maison de la nourrice à Saint-Lazare, cet endroit offrait plus de charmes et de poétiques attraits, avec son étang, ses grands arbres, et sa chapelle, que le pauvre hameau de la Bachelleraye. Mais, la tradition constante du pays ne s'en accommode pas.

ment. Le *Bulletin paroissial* de Montfort ayant discuté la question, il y a quelques années, admit comme lieu d'habitation de la nourrice du jeune Grignion le village de la Bachelleraye, de préférence à Saint-Lazare où il est certain qu'elle demeurait, au temps de la visite que lui fit le Bienheureux en 1706. C'est donc en ce village de Bédée perdu alors au fond des terres, que le futur missionnaire essaya ses premiers pas aux mains de la mère André (41), qui eut le bonheur de connaître dans la suite la gloire et les grandeurs de son cher nourrisson.

Combien de temps l'enfant resta-t-il à la Bachelleraye ? Nous n'en savons rien. Toujours est-il que le souvenir de sa seconde mère lui fut toujours cher, et que plus tard il lui fit le grand honneur d'aller à Saint-Lazare lui demander à loger chez elle avec le frère Mathurin. Mais nous n'avons pas à parler ici de cet événement assez intéressant, qui sort du cadre de notre sujet.

***

Comme nous ne voulons point raconter ici l'histoire même du Bienheureux, nous glissons rapidement sur ses années d'enfance, dont le lecteur trouvera les détails intéressants dans les diverses biographies qu'on lui a consacrées (42). Un mot cependant encore à propos de deux faits concernant sa jeunesse. Tous ses historiens ont écrit que Louis Grignion avait fait sa première communion à Montfort dans l'église Saint-Jean, sa paroisse. Désormais, on ne pourra plus l'affirmer aussi solidement ; car un document fort important, et jusqu'ici absolument ignoré des biographes du grand missionnaire, est venu modifier l'opinion sur ce point. Nous avons pu nous convaincre, en effet, dans nos recherches, — et rien n'ira contre —, que J.-B. Grignion quitta complètement la ville

---

(41) Il est bien probable que le mari de la nourrice s'appelait André. C'est la mauvaise prononciation du pays qui a dû donner *Andrée*. Ce défaut est encore courant aujourd'hui dans la contrée, où l'on prononce Hédé, par exemple, comme Bédée. — Nous n'avons pu, d'ailleurs, découvrir le *prénom* d'Andrée dans aucun registre de Montfort ou de Bédée pour cette époque.

(42) Voir en particulier *Le Bienheureux L.-M. Grignion*, par Mgr Laveille, M. Quérard, M. Jac, M. Pauvert, M. Boutin, etc., et les volumes plus simples de M. Chauvin (1887), curé-doyen de Montfort, de M. Texier, etc.

de Montfort en 1675, pour aller habiter au Bois-Marquer, en Iffendic, avec sa famille. Le futur Bienheureux avait alors deux ans et demi. Il est plus que probable que ses parents l'emmenèrent avec eux; et, dès lors, ce ne serait plus à Montfort, mais à Iffendic qu'il faudrait placer la première communion de Louis Grignion et sa confirmation. Mais le fait de voir le saint enfant recevoir ces deux sacrements à Iffendic n'enlève rien à la gloire de Montfort qui garde à jamais son berceau. Aussi, qu'on ne nous accuse pas de changer par là l'histoire du Bienheureux. Non ! L'histoire n'est jamais complète et définitive; elle se fait tous les jours, et les documents nouveaux ne font que la renouveler en la rapprochant de la vérité.

Les biographes du P. de Montfort n'auraient qu'un moyen de maintenir leur affirmation sur le sujet qui nous occupe : ce serait de fournir une preuve solide que l'enfant, au lieu de suivre sa famille au Bois-Marquer, fût demeuré chez sa grand'mère, Jacquemine Saulnier, en la petite cité. Or, rien ne peut le faire supposer.

Cependant, la solution de ce doute aurait l'avantage de résoudre la question de l'école. Car, si l'enfant s'en alla lui aussi au Bois-Marquer en 1675, il ne put suivre les classes de sa ville natale, c'est évident; dès lors, son père et sa mère durent être ses premiers instituteurs, et c'est au Bois-Marquer qu'il aura appris à lire, écrire et prier Dieu. Aussi, à 250 ans de distance, nous aimons à nous le représenter, élève docile et charmant, assis auprès de sa mère, épelant ses lettres et s'essayant à écrire, au milieu des ébats de ses frères et sœurs plus jeunes, dans une des vastes salles du Bois-Marquer. On peut toujours admirer un spécimen de l'écriture du pieux enfant au registre d'Iffendic de 1681, au baptême de sa sœur Françoise-Thérèse. Lui aussi mit son nom au bas de l'acte, de sa grosse écriture encore mal assurée. C'est la première signature que nous connaissons de lui (43).

***

---

(43) Si, de fait, on pouvait prouver qu'il était demeuré chez sa grand'mère en la rue de la Saulnerie, il serait intéressant de connaître ses premiers maîtres. Or, les archives de Montfort gardent les noms de ces pieux maîtres d'école qui instruisirent les enfants de la petite ville de 1670 à la Révolution. En 1672, missire Guillaume Leborgne, prêtre de Saint-Nicolas, qui exerçait la charge de *scholastique*, comme on disait alors, depuis déjà longtemps, s'étant démis de ses fonctions, la Communauté de ville, qui rétribuait le

Avant de quitter notre Bienheureux, nous voulons ajouter un mot à propos de sa naissance et du nombre de ses frères et sœurs.

Sept villes, dit-on, se disputaient jadis la naissance d'Homère, un des plus grands poètes de l'antiquité. Pour le Père de Montfort, deux petits villages seulement ont prétendu à l'honneur d'avoir possédé sa nourrice et contemplé ses premiers pas : Saint-Lazare et La Bachelleraye. Mais personne n'a sérieusement contesté le lieu de sa naissance : son berceau fut bien à Montfort; et les paroisses voisines, Iffendic, Bédée, Breteil, etc... n'ont joui que du reflet de sa gloire dont la source première fut sa ville natale.

Cependant, plusieurs se trompent encore aujourd'hui sur le lieu de naissance du Bienheureux. En voici un exemple intéressant. Le 15 mars 1924, un prêtre nous écrivait de Rome les lignes suivantes :

« *Pourriez-vous me dire si vous connaissez quelque document établissant que le Bienheureux Grignion est né certainement à Montfort ? Notre Bréviaire nous le dit ; mais un travail récent fait par un religieux italien donne Saint-Laurent-sur-Isère* (sic) *comme lieu de naissance du Bienheureux. J'ai fait demander à ce Père où il avait découvert cela, et il répond qu'il l'a vu dans la cause de Béatification !!... J'en doute fort,... et j'ai recours à vous* (pour me renseigner). *Cette erreur a été imprimée dans un livre d'offices à l'usage des Dominicaines Italiennes.* »

Ce bon Père avait confondu la Sèvre avec l'Isère et avait placé le berceau du Bienheureux au lieu de sa sépulture. Il ne connaissait pas le cantique qu'on chante à Saint-Lazare aux beaux jours du Pèlerinage :

---

maître d'école, choisit pour lui succéder missire Jean Mouazan, prêtre de Montfort également. Celui-ci exerça la charge pendant neuf ans, et fut remplacé en 1681 par missire Jean Mallet qui la conserva six ans. Si donc, Louis Grignion avait fréquenté l'école de Montfort, c'est à ces deux bons prêtres, MM. Mouazan et Mallet, qu'il aurait dû de savoir lire et compter. Mais, nous ne le pensons pas. (*Registres de Montfort*, 1670-1685).

Le *scholastique* était choisi tous les trois ans. En 1678, M. Mouazan était réélu, « *à charge à lui d'assister au service divin à l'église Saint-Jean, le dimanche, d'estre assidu tant pour apprendre le latin que l'escripture, arithmétique, et aultres choses aux escholiers et enfants des trois paroisses de la ville et forbourgs, sans tirer aucun lucre de ceux qui n'ont pas les moïens de luy rendre aulcune recognoissance de ses soins..., et se rendra le plus assidu à son eschole que faire se pourra.* »

Si la Vendée a son tombeau,
La Bretagne fut sa patrie :
Elle eut l'aurore de sa vie
Et la gloire de son berceau !

Comme document certain, j'envoyai à mon correspondant une copie de l'acte authentique du Baptême de Louis Grignion, né à Montfort le 31 janvier 1673; et je lui recommandai de faire relire à cet auteur les documents de la Béatification. C'est ainsi qu'on imprime parfois des erreurs regrettables, faute de renseignements précis.

Un historien, qui a laissé des travaux réputés sur les guerres de la Vendée, Chassin, a également mis à côté presque chaque fois qu'il a parlé du Bienheureux Montfort, — dont il n'a pas su apprécier le rôle religieux. Ici, il le fait naître le 12 février 1673 et entrer au Collège des Jésuites à Rennes en 1665 (44). Dans un autre endroit, il place sa naissance au 31 janvier 1675 et sa mort au 28 avril 1714... Enfin, d'après lui, le grand missionnaire aurait été béatifié en 1790... Autant de dates, autant d'erreurs! Et c'est ainsi chez bien d'autres auteurs. Pourquoi donc le bon Père de Montfort, qui fut tant malmené et ballotté, pour ainsi dire, pendant sa courte vie, était-il encore destiné à subir ces tribulations posthumes... ?

A propos du nombre de ses frères et sœurs, nous pourrions relever le même genre de contradictions. Ses biographes lui en ont compté sept, huit ou dix, sans en être très sûrs. M. Quérard précise : « M. et Mme Grignion eurent, dit-il, *de nombreux enfants, trois fils et six filles, parmi lesquels deux prêtres et trois religieuses* » (45). Monseigneur Laveille dit que « *le jeune Louis devait avoir plus tard deux frères et six sœurs : trois de celles-ci se firent religieuses, et nous retrouverons un de ses frères sous le froc dominicain* ». Mais il ajoute que des notes « *qui lui ont été communiquées de différents endroits, permettent d'affirmer que l'aîné des Grignion eut quatre frères et six sœurs* », ce qui eût fait onze enfants. Puis, dans une seconde *Vie* publiée en 1916, le savant biographe écrit qu'il « *devait être l'aîné de deux frères et de six sœurs* » (46).

Contentons-nous de ces citations; elles nous prouveront

---

(44) Chassin, *Préparation de la guerre de Vendée*, tome I, p. 43, note 1, et p. 494.

(45) Quérard, *Vie du Bienheureux L.-L. G. de M.:* tome I, page 2.

(46) Mgr Laveille : *Le Bienheureux Grignion de Montfort* (1907), page 3, — et (1916), page 3.

suffisamment que les auteurs ne sont pas du tout fixés sur la question. Dès lors, ceux qui ont voulu tabler sur leurs dires se sont trompés avec eux. Ce fut le cas, il y a trois ans, pour une Revue catholique (*L'Action Populaire*) qui, ayant eu la curieuse idée de relever le chiffre de la natalité dans les familles des Saints canonisés, en faisant porter ses recherches sur 101 familles depuis le XIVe siècle jusqu'au XIXe, arriva à des résultats fort intéressants. Pour elle, la famille du Bienheureux Grignion de M. avait eu huit enfants; et les records de cette natalité seraient tenus par les familles de Sainte Catherine de Sienne, avec 22 enfants, tous de la même mère, — de Saint François de Borgia, avec 17 enfants, mais de deux mariages, — de Saint Paul de la Croix, avec 16, — de Saint Benoît Labre, avec 15 enfants, etc... La famille Grignion n'arrivait ainsi qu'au 12e rang. Mais, il n'en est rien; et nous sommes heureux de rétablir ici l'exacte vérité : dans ce compte, avec leurs 18 enfants du même lit, les parents du P. de Montfort devaient avoir le deuxième rang. Nous le revendiquons pour eux : c'est tout à l'honneur de ces chrétiens solides et de notre pays.

*
**

Il nous reste enfin à parler du *Titre clérical* du Bienheureux Montfort, ce qui va nous permettre de retourner avec lui à la Bachelleraye.

Avant la Révolution de 1789, qui abolit presque complètement les anciens usages de l'Eglise de France, nul ne pouvait entrer dans les Ordres sacrés, s'il n'était muni d'un titre de rente (de 60 à 100 livres environ, selon les diocèses), permettant d'assurer au jeune prêtre un certain moyen de vie, sans être à charge à sa famille ou à autrui. Cette somme au temps présent paraîtrait bien minime. C'est vrai : mais il faut calculer que 60 livres du temps de Louis XIV vaudraient bien aujourd'hui 500 fr.; de plus, la vie était beaucoup plus simple que de nos jours; et, d'ailleurs, les ordinands possédaient presque toujours un bien plus important. Enfin, le titre de 60 à 100 livres était exigé par le droit. Il devait être établi par la famille ou des amis du jeune clerc, devant deux notaires, et insinué (c'est-à-dire inscrit) tout au long au registre de l'Evêché. C'était un contrat en bonne forme passé entre l'Evêque et les parents de l'Ordinand. Les biens sur lesquels était assis ce titre clérical étaient inaliénables et insaisissables ; le prêtre les avait pour sa vie durante, et nul ne pouvait y prétendre pour quelque motif que ce soit. Telle était la loi.

Quand Louis Grignion atteignit l'âge du sous-diaconat, il y avait déjà un titre de rente fondé sur une chapellenie de messes en la paroisse de Saint-Julien-de-Concelles, au diocèse de Nantes, que des âmes généreuses lui avaient obtenue pour lui permettre de terminer ses études au Séminaire de Saint-Sulpice, à Paris (46). Mais cette pieuse fondation ne suffisait pas. Ses parents durent donc lui fournir un Titre clérical, pour lui permettre d'avancer dans les Ordres. M. Jean-Baptiste Grignion et Jeanne Robert choisirent la ferme de la Bachelleraye pour l'y établir; et le 13 août 1697, ils passèrent l'acte suivant, devant les notaires de la grande juridiction du comté de Montauban. Ils demeuraient alors à leur maison du Bois-Marquer, en Iffendic. « *Faisant et agissant pour Louis G. leur fils légitime, escollier et clerc tonsuré, estant à présant estudiant au Séminaire Saint-Sulpice, à Paris..., nous ont remontré que, moyennant la grâce de Dieu et le bon plaisir de l'Ill*me *et R*me *Sébastien de Guesmadeuc, Seigneur Esvesque de Saint-Malo, ledit Grignion désire parvenir à la dignité sacerdottalle, si par mon dit Seigneur il y est admis ; et, comme pour arriver en une condition si honoraire..., il est nécessaire d'estre pourveu d'un bénéfice ou aultre bien suffisant; pour y satisfaire, ledit sieur et damoiselle de la Bachelleraye ont ce jour déclaré affecter et délaisser audit sieur Louis G. leur fils, pour son titre provisionel, pour en jouir pendant sa vie ; sçavoir est le lieu de la Bachelleraye, situé en la paroisse de Bédée, consistant en un corps de logix, le devant d'iceluy exposé à l'occident, couvert de glé, contenant 35 pieds de long, et en laize 20 et demi, le jardin au derrière de la maison, cour au-devant d'ycelle, close de murs de terre, contenant l'emploi des maisons et jardin 12 cordes, avec communauté au puis et four dudit lieu, etc, etc.*

Nous ne pouvons donner ici l'acte en entier, ce serait trop long. Mais les lecteurs qui connaissent la maison de

---

(46) R. P. Pétard : *Saint-Julien-de-Concelles*, p. 63. — C'était en 1695; Louis Grignion « demeurait alors à Paris, au collège Montégut, paroisse de Saint-Etienne-du-Mont. » — Il se démit d'ailleurs de cette chapellenie dès le 24 septembre 1700, ayant fait le vœu de complète pauvreté pour sa vie entière.

la Bachelleraye, verront par cette courte description qu'elle n'a guère changé depuis 230 ans; la couverture de paille a fait place à l'ardoise, les murs de clôture de la petite cour existent encore au nord, le long du chemin ; l'ancienne porte, toute tailladée jadis par les canifs des pèlerins, a été remplacée. Mais, en somme, la petite maison est fort bien reconnaissable à cette description qu'en firent les notaires en 1697. Les champs de la ferme portent encore les même noms. Et si la mère Andréé y revenait en ce moment, après s'être extasiée devant la jolie route qui traverse le village, elle s'y retrouverait facilement.

Le prisage fait en 1681, au moment du partage de leurs biens par Jean-Baptiste et Félix Grignion, avait estimé la petite ferme à 80 livres de rentes, et c'est ce que payait en 1697 le fermier, nommé Pierre Tays. On n'en retira rien, et le *Titre clérical* du futur Bienheureux fut fixé à ce prix, au gré de ses parents, « *qui en ont baillé la provision et jouissance audit Louis Grignion, leur fils, pour en jouir sa vie durant, suivant les conventions* ». — Et l'acte fait à Montauban, au tablier de Me Jean, notaire, « *commis des notaires royaux et apostoliques* », y fut contrôlé le même jour, et insinué le 7 octobre suivant au registre de l'Evêché de Saint-Malo (47).

A partir de ce jour, Louis Grignion devint propriétaire — ou plutôt usufruitier — de la Bachelleraye, dont les rentes chaque année servirent à payer les frais de son éducation cléricale à Saint-Sulplice. Mais, devenu prêtre en 1700, le futur Bienheureux ne voulut plus rien recevoir de sa famille, et, ayant fait vœu de la plus stricte pauvreté, refusa tout argent et toutes rentes, résolu à ne plus se confier qu'aux soins de la divine Providence dans ses voyages et dans ses missions. Pour lui, la Bachelleraye ne compta plus de rien désormais. Alla-t-il la revoir en 1706, au moment de son passage à Montfort ? Certains auteurs l'ont cru, affirmant qu'il avait tenu à y saluer sa bonne nourrice. Mais d'autres, — mieux renseignés, ce semble —, l'ont nié, bien persuadés que la Mère Andrée habitait alors Saint-Lazare, où le missionnaire sut aller la trouver.

Ce renoncement du Bienheureux au revenu que lui assurait pour la vie son Titre clérical de 1697, est certainement très louable et prouve chez lui un profond désintéresse-

---

(47) *Archives d'Ille-et-Vilaine*, G. : 140, p. 117.

ment. Des prédicateurs ont voulu y ajouter encore, et on a entendu l'un ou l'autre exalter son humilité, en faisant ressortir qu'il n'avait jamais voulu se parer de son titre en se faisant appeler *sieur de la Bachelleraye*. Erreur, en partie du moins. Car, tant que vécut son père, qui avait pris ce titre, le fils ne pouvait prétendre à le porter; l'usage du temps le voulait ainsi. Ce n'est donc qu'à la mort de Jean-Baptiste Grignion, le 23 janvier 1716, trois mois avant la sienne, que le grand missionnaire aurait pu, selon la coutume, ajouter a son nom le titre de sa propriété. Mais il n'y songea guère. Absorbé par ses missions, ayant dit adieu à toutes les vanités du monde, les intérêts des âmes le préoccupaient par-dessus tout. Aussi, même après la mort de son père, il n'a jamais signé *Grignion de la Bachelleraye,* mais toujours *Grignion de Montfort,* mettant au-dessus de son patrimoine la grâce de son baptême que lui rappelait le nom de sa ville natale.

A la mort de son époux, en 1716, Jeanne Robert, la pieuse mère du Bienheureux, ayant cédé tous ses droits aux quatre enfants qui lui restaient encore, leur permit de se partager à l'amiable les biens qui leur revenaient. Mais par amour pour son mari et pour son fils, qui venait lui aussi de mourir au loin, dans la Vendée, elle voulut garder pour elle la petite terre de la Bachelleraye. Deux ans après, elle mourait à son tour, à Saint-Etienne de Rennes, où elle fut inhumée. La Bachelleraye passa alors aux mains de Thérèse Grignion, sœur du Bienheureux. Celle-ci la laissa, en mourant à sa fille Louise Argentais ; puis, la ferme étant échue à sa nièce, Dlle Danet, épouse de Julien Lanjuinais, celui-ci la vendit en 1792, à M. Joseph de la Haye, qui la fit valoir pendant quelques années. La Bachelleraye était restée environ 150 ans dans la famille Grignion. Depuis elle a passé en plusieurs mains, et aujourd'hui elle appartient à la famille Eon, de Breteil, dont un des fils l'exploite en ce moment, toujours heuheux d'y accueillir les rares pèlerins qui cherchent encore à retrouver les traces du Bienheureux et à visiter les lieux qui furent jadis témoins de sa présence et de ses vertus.

⁂

Ne quittons pas le Bienheureux sans signaler qu'il fut plusieurs fois parrain. A Iffendic, il tint sur les fonts du

Baptême sa sœur Thérèse en 1681, et signa de sa main au registre, comme on l'a vu plus haut. Mais déjà, en 1679, alors qu'il n'avait que six ans, il fut parrain de Marie Lebreton, fille du fermier du Bois-Marquer; cette fois, son père avait signé pour lui. — A Rennes, Louis Grignion eut un troisième filleul; ce fut son frère Jean-Baptiste, né en 1689 à Saint-Germain.

Nous ne lui en connaissons pas d'autres (48).

Sans insister davantage au sujet du grand missionnaire, que nous n'avons voulu suivre qu'à Montfort et aux environs, passons maintenant à ses autres frères et sœurs, dont plusieurs encore nous occuperont abondamment.

3°) Joseph-Pierre. — Ce fut le troisième enfant de J.-B. Grignion et de Jeanne Robert. Né à Saint-Jean de Montfort, où il fut baptisé le 24 février 1674, il suivit son aîné à Rennes pour étudier lui aussi chez les Pères Jésuites, où la plupart des enfants de famille bourgeoise de la petite ville allaient chercher l'instruction convenable à cette époque. Tous deux logeaient chez l'oncle missire Alain Robert, qui devint plus tard prêtre-sacriste de l'église Saint-Sauveur, et que nous retrouverons bientôt.

A 22 ans, Joseph-Pierre Grignion entra au couvent de Bonne-Nouvelle et devint Dominicain. Les biographes du Bienheureux le savaient bien, et tous ont raconté, à peu près dans les mêmes termes, la curieuse rencontre des deux frères au Couvent des Jacobins de Dinan (49), en 1706. Mais, certains chercheurs restèrent longtemps sceptiques au sujet de cette entrevue, attendant la preuve certaine que Joseph-Pierre eût été réellement Dominicain. Cette preuve est faite; ce sont les archives mêmes du Couvent de Bonne-Nouvelle qui nous l'ont procurée.

---

(48) Cependant, quelques-uns ont avancé qu'il avait été parrain de temps en temps dans les paroisses où il donnait la Mission. Nous ne le croyons pas, du moins pour notre contrée. On a confondu le Bienheureux avec M. Leuduger, avec lequel il travaillait. Il est certain que M. Leuduger, baptisa une enfant à Montfort, pendant la Mission, dont il était le chef, — dit le registre, — en 1707. Il signa un enterrement à Bécherel, et fit un baptême à Irodouër, en cette même année. Mais, le nom du P. de Montfort, qui travaillait avec lui alors, ne paraît même pas dans ces actes.

(49) Les Dominicains jadis portaient aussi le nom de Jacobins.

Voici ce que nous lisons, en effet, au registre des vêtures du monastère pour l'année 1695 : « *Le 11 novembre, le R. P. Prieur ayant assemblé les RR. Pères du Conseil, leur a proposé un jeune escholier, postulant pour estre receu à l'habit de clerc, nommé Joseph-Félix-Cœsar de Grignion, demeurant partie du temps et pendant l'hyver en cette ville, l'autre temps en la paroisse d'Iffendic, lequel les RR. Pères, après l'avoir examiné, l'ont receu et jugé capable d'estre présenté au Chapitre.* »

Remarquons les prénoms du jeune postulant. On l'avait nommé Joseph-Pierre à son baptême ; mais son parrain étant M. César-Joseph-Félix Grignion, sieur de la Noë, frère de M. de la Bachelleraye, les bons moines auront amalgamé tous ces noms pour en faire un nouveau... Chose peu rare, d'ailleurs, à cette époque, où les différents prénoms étaient souvent changés d'ordre ou même remplacés par d'autres, ce qui amène alors dans les actes des confusions fort ennuyeuses. Ici du moins, pas de doute possible : il s'agit bien du troisième fils de J.-B. Grignion et de Jeanne Robert, qui versèrent 100 livres pour son entretien à l'économe du Couvent le 26 novembre 1696.

Le 13 octobre précédent, le P. Prieur avait exposé au Conseil « *que le frère Grignion, receu à l'habit de frère clerc pour cette maison et envoyé à Dinan pour y faire son noviciat, y avoit été receu pour faire profession au bout de dix mois, si on y donnoit le consentement requis et nécessaire. Sur quoy ayant procédé par voix secrettes, il a été receu à la pluralité des voix et jugé capable d'estre présenté au Chapitre pour la profession au bout de son année de noviciat, pour cette maison* ».

Le 11 décembre 1697, le novice fut présenté au Conseil du Couvent, avec quelques autres « *pour estre examiné pour aller aux Ordres* », et il fut jugé « *capable de prendre diacre* ». Enfin, le 15 février 1698, le R. P. Prieur proposa au Conseil « *deux novices diacres, scavoir le fr. H.., et le frère Grignion qui demandoient d'aller prendre l'Ordre de prêtrise, ayans l'aage pour cet effet; lesquels, après avoir esté interrogez, furent trouvez capables et receuz pour cet effet, per vota secreta* ». — Nous n'avons pu retrouver les dates exactes des différentes ordinations de Joseph-Pierre Grignion; mais la certitude de son sacerdoce nous suffit. Revêtu de la prêtrise avant son frère aîné, — qui ne la reçut qu'en 1700 à Paris, — le jeune religieux se préparait à honorer l'Eglise et son Ordre humblement dans les différents postes que ses Supérieurs allaient lui confier (50).

En 1701, on le voit faisant la quête du blé dans les environs de Sens, et rapportant au Couvent 46 livres 6 sols pour sa part. En 1702, il est encore en quête, avec le frère Le Dô, et il remet au Couvent 50 livres 4 sols. Entre temps, il avait prêché le Carême, avec le fr. Juette, à la Chapelle-Chaussée, et tous deux confient au Prieur la somme de 55 livres qu'ils ont reçue pour leur station. En 1711, nous le trouvons économe au Couvent des Jacobins de Vitré, où il signe, le 26 novembre 1710, une obligation de 88 livres à un commerçant de la ville pour de la morue fournie au monastère. Ce billet est écrit de la main du bon moine; ce sont les seules lignes de lui que nous ayons pu rencontrer.

Depuis quand était-il au Couvent de Vitré, et combien de temps y demeura-t-il ? Nous l'ignorons. Mais, nous sommes certains qu'il mourut au Couvent de Blois, vers la fin de 1713. Le 24 février 1714, dit le registre de Bonne-Nouvelle, « *on a mis au dépôt la somme de 123 livres 19 sols 10 deniers, qui nous a esté envoyée par le R. P. Arhel, prieur du Couvent de Blois, comme provenant de la succession du deffunct P. Grignion* ».

Il paraît que les Dominicains pouvaient alors avoir par devers eux certaines sommes provenant de leurs missions. Le P. Grignion ne possédait-il pas cette somme plutôt pour ses besoins particuliers, et ne serait-il pas mort en voyage ? On le penserait bien, en voyant le couvent de Blois renvoyer cet argent à celui de Rennes. Et ne serait-ce pas encore une bonne indication que le défunt, ayant quitté Vitré, était alors rattaché au couvent de Bonne-Nouvelle, où il était d'abord entré ?

Dès lors, comment expliquer que son frère, le missionnaire, ait pu le rencontrer à Dinan, en 1706? Beaucoup se refusent à le croire. Et pourquoi non ? Puisqu'il a bien été économe à Vitré, pourquoi n'aurait-il pu être placé à Dinan pendant quelque temps ? C'est très possible. Nous n'en avons pas la preuve écrite, c'est vrai. Mais la tradition qui rapporte son entrevue avec son frère à Dinan n'est-elle pas une preuve suffisante du souvenir qu'il y avait laissé ? Résumons donc, pour ceux qui ne la connaissent pas, l'histoire de cette rencontre.

---

(50) Archives d'Ille-et-Vilaine : séries 1 H 15 : *Couvent de Bonne-Nouvelle; actes capitulaires* (1598-1729) ; — et série 1 H 26, *Dominicains de Vitré.*

A la fin de 1706, le Bienheureux travaillant à la Mission de Dinan, se présenta un matin au Couvent des Dominicains, où son frère était sacriste, et demanda à celui-ci, — qui ne le reconnut point —, des ornements pour dire la Messe. Et le missionnaire s'adressant au sacristain l'appelait *mon cher frère.* Celui-ci, qui était prêtre et tenait à se faire appeler *Père*, mécontent de l'étranger, lui donna les plus pauvres ornements du Couvent. La messe finie, il recommanda bien au Frère Mathurin, le compagnon du Bienheureux, de prier son maître d'être plus poli le lendemain. Mais, dans la journée, ayant rencontré le Frère Mathurin en ville, celui-ci, poussé à bout par le religieux qui voulait savoir le nom de son maître, lui avoua en riant qu'il s'appelait Grignion de Montfort. — « Mais, c'est mon frère ! s'écria le Dominicain »... Et le lendemain, à la sacristie, il l'embrassa tendrement, en lui reprochant de ne s'être pas fait connaître. — « Eh ! ne vous appelais-je pas *mon frère ?* Ne l'êtes-vous donc pas par la nature et par la grâce ? » répondit le Bienheureux. — Le religieux très confus, mais tout aise, donna cette fois au missionnaire les plus beaux ornements pour la messe, et s'en alla prônant partout la vertu de son frère (51).

A supposer que cette entrevue ne puisse se placer à Dinan, pourquoi n'aurait-elle pas eu lieu à Rennes ? Le Bienheureux y passa vers la Toussaint de 1706; et, au cas où le dominicain n'eût pas encore quitté Bonne-Nouvelle, il est facile de supposer qu'il se soit présenté à lui à ce Couvent. En toute hypothèse, l'histoire de cette entrevue n'a rien que de très naturel et très plausible. Le Père de Montfort était d'ailleurs porté, disent ses biographes, à user de l'incognito (52), et cette méprise de son cher frère dut le dérider un peu...

Revenons à Joseph-Pierre. Il n'avait que 39 ans quand il mourut. Nous pouvons fixer son décès au mois de décembre 1713. Comme économe du Couvent de Vitré, il avait prêté au Recteur de Bais une certaine somme d'ar-

---

(51) Lire ce récit plus complet dans les principales Vies du P. Montfort, en particulier dans *M. Chauvin*, p. 83, *Mgr Laveille*, p. 249, etc.

(52) C'est ainsi que le Bienheureux mystifia la mère Andrée, à Saint-Lazare, une de ses sœurs religieuses, et la portière d'un couvent de Paris, etc...

gent. Ce prêtre, apprenant sa mort, envoya le 7 mai 1714 au Prieur de Bonne-Nouvelle l'argent qu'il avait emprunté jadis. Mais celui-ci ayant su par un mot de son confrère de Blois, daté du 17 décembre 1713, « *que ledit Grignion avoit déclaré à la mort que cette somme appartenoit en conscience au Couvent de Vitré* », on se hâta de l'y envoyer. Il est donc bien probable que cette date du 17 décembre devait être proche de la mort du religieux.

En marge de l'acte précité, au registre de Bonne-Nouvelle, on a écrit : *Un chapelet de corail.* N'était-ce point celui de Joseph-Pierre qu'on aurait renvoyé à son Couvent ? Et qui sait si les confrères du défunt ne l'auront pas offert à ses parents en leur apprenant la mort de leur fils ? C'était du moins chose bien naturelle. J.-B. Grignion et Jeanne Robert vivaient encore à cette époque, retirés humblement à leur maison de Couascarre (aujourd'hui le Chêne-Colas) en Breteil; la mort du Dominicain réduisait à cinq (sur dix-huit) le nombre de leurs enfants...

⁂

4° Renée. — Le 26 mars 1675, Jeanne Robert fut mère à Montfort pour la quatrième fois. Dieu lui avait donné une fille qui s'appela Renée, nommée par missire Alain Robert, son oncle, prêtre à Rennes, et par Dlle Renée Grignion, sa tante, femme de noble homme Guy Saulnier, sieur du Pré-Thébault, en Paimpont, dont nous avons parlé plus haut. M. l'abbé Robert vint lui-même marier, le 22 avril 1704, dans l'église d'Iffendic, sa chère filleule, laquelle épousait noble homme Pierre Garson, sieur des Fontaines, de la paroisse de Guipry. L'acte de mariage, écrit de la main d'Alain Robert, donne à Renée Grignion le titre de Dlle du Plessix. C'est qu'en effet, J.-B. Grignion avait acheté en 1675 le Bois-Marquer avec les deux fermes qui l'avoisinent, le Plessix et la Chesnais; et il était venu demeurer dans sa nouvelle propriété. C'est pour cela que nous voyons le mariage de R. Grignion se faire à Iffendic, d'où dépendait le Bois-Marquer. Et c'est grâce à l'achat de ces trois terres que l'ancien avocat de Montfort pouvait offrir, — sinon une forte dot, — au moins un titre convenable à ses enfants. Car, à cette époque, c'était très important; l'usage de la *sieurie* s'imposait au moindre bourgeois.

Comment Renée Grignion avait-elle pu connaître son fiancé qui demeurait si loin d'Iffendic ? A Rennes sans doute, où la jeune fille allait souvent voir son parrain et la famille de sa mère. Or, les Robert étaient tous gens de robe, et les amitiés du Palais se continuaient dans les maisons. C'est ainsi que Me Pierre Garson aura pu rencontrer Mlle Grignion et lui plaire... Le mariage dut être solennel. C'était la première fois que J.-B. Grignion conduisait une de ses filles à l'autel. Le registre paroissial conserve les signatures des nombreux assistants. Il y eut ce jour-là grande fête au Bois-Marquer.

Renée Grignion suivit son époux à Guipry, où leur maison du Port est toujours debout. Le ciel leur donna trois enfants : *Dominique,* né le 28 mars 1705, qui mourut le 30 avril suivant, en nourrice au bourg, chez Pierre Poisson; — *Joseph-Augustin,* qui vit le jour le 10 février 1707; — et *François-Hyacinthe,* né le 7 septembre 1709, qui mourut en bas-âge. A la naissance de ce dernier, Renée Grignion était veuve depuis plus de six mois; son mari, Pierre Garson, avait été ravi à son affection le 29 mars précédent ; il n'avait que 30 ans (53).

Nous retrouverons plus tard Joseph Garson, le second des fils de Renée Grignion. Pour le moment, suivons celle-ci dans son veuvage. Laissant à Guipry les cendres de son mari, elle revint à Iffendic, chez son frère, puis se fixa avec sa mère et sa sœur Thérèse au village de l'Abbaye; enfin, le 28 septembre 1717, elle épousa en l'église de Breteil, sa paroisse, n. h. Marc Guérin, sieur de Guinermo, avocat au Parlement. Ce fut M. Alain Robert, son oncle et parrain, alors prêtre-sacriste de Saint-Sauveur de Rennes, qui bénit pour la seconde fois le mariage de sa chère filleule (54). Plus tard, Renée Grignion revint au Bois-Marquer, devenu depuis longtemps sa propriété, et c'est là qu'elle mourut, à 58 ans, le 2 novembre 1733. Le lendemain son corps fut inhumé dans la nef de l'église d'Iffendic. Quand à M. Gué-

---

(53) Cf. *Registres paroissiaux de Guipry* (1705-1709).

(54) Les registres d'Iffendic nous apprennent que Renée G. fut fiancée en 1711 à écuyer Louis Aubault, de Bois-Gervilly; mais on ne peut trouver trace de leur mariage ni à Iffendic ni aux environs. Il n'a pas dû avoir lieu. Car, lorsque Renée G. épousa M. Guérin en 1717, elle se disait toujours *damoiselle des Fontaines,* preuve qu'elle était restée veuve de M. Garson, sieur des Fontaines, la veuve gardant toujours alors le titre de son défunt mari.

rin de Guinermo, nous ignorons la date certaine de sa mort. De leur mariage était née au moins une fille, Anne, dont nous savons seulement qu'elle était pensionnaire au Couvent des Trinitaires, à Rennes, en 1776 (55).

---

(55) D'après les *Affiches de Rennes,* Mlle Guérin de Guinermo vivait encore en 1787, car elle vendit alors une maison à Rennes (Minutes de Me Chevallier, notaire, 24 avril 1787).

CHAPITRE SECOND

Les Grignion au Bois-Marquer

Les quatre premiers enfants de J.-B. Grignion et de Jeanne Robert étaient nés à Montfort. Un événement, ignoré jusqu'ici des biographes du Bienheureux, allait faire naître les dix suivants à Iffendic, au manoir du Bois-Marquer. En effet, le 16 juillet 1675, peu après la naissance de leur fille Renée, les parents de Louis Grignion achetèrent la terre et les maisons nobles dudit lieu, avec les deux fermes avoisinantes, le Plessix et la Chesnais, et s'y établirent bientôt.

Le Bois-Marquer appartenait alors à n. h. Macé Hindré, sieur de Tréhieuc, qui venait de le quitter pour aller cultiver sa terre noble de la Fumelais, en Talensac. M. Hindré était le frère de missire Pierre Hindré, recteur-doyen de Saint-Jean-de-Montfort, qui avait baptisé le futur Bienheureux en 1673. La famille Hindré, de Bouquidy, comptait alors parmi les plus marquantes de la paroisse d'Iffendic et des environs. Macé Hindré, qui était avocat à la Cour, ayant fait des dettes, avait dû vendre sa terre du Bois-Marquer (56). D'ailleurs, Jacquemine Saulnier, mère de J.-B. Grignion, était créancière de M. Hindré, ce qui détermina sans doute en partie l'achat de la propriété. Toujours est-il que les parents du Bienheureux la payèrent 7.900 livres, somme qui aurait bien valu 18.000 francs de notre monnaïe d'avant-guerre.

---

(56) Macé Hindré avait lui-même acheté le Bois-Marquer en 1661, d'avec n. h. Guillaume Dotillé, « *au rapport d'Eustache Grignion, nottaire royal à Montfort* », pour la somme de 12.000 livres, et M. Dotillé la tenait par achat d'écuyer Julien de Couätrideuc qui l'habitait vers 1635. En 1513, ce manoir était la propriété de Raoul du Bois-Marquer, dont le nom revient souvent dans les actes du temps (*Acte de vente du B. M. en 1675*).

Le contrat d'achat, daté du 16 juillet 1675, et passé devant MM^es^ Grandais et Houées, notaires de la juridiction du comté de Montfort, spécifiait que « *nobles gens J.-B. Grignion et Dlle Jeanne Robert, sieur et dame de la Bachelleraye, présens et acceptans pour eux et leurs hoirs successeurs, demeurant en leur maison en l'enclos de la ville, achetaient : sçavoir est la maison seigneurialle du Bois-Marquer, mettéries nobles en dépendantes, en Iffendicq, consistant dans les aîtres de la maison principalle et retenuë du B. M. et mettéries du Plessix et de la Chesnays, avec leurs terres arables et non arables, verger, vignes, jardins, prez et prèries, bois de haute futaie, rabines, gallois et landiers; de plus, prééminences dans l'église d'Iffendicq, avec les droits honorifiques et spécifiques, bancq et tombe sous iceluy dans la chapelle de la Sonnerie; et finallement tout ce qui deppend de la maison du B. M. et terres en deppendantes, sans nulles réservations aux fins de contrat d'acquêt de 1661...; pour entrer en jouissance desdits héritaiges au jour et feste de M. Saint-Michel prochain venant; à charge de tenir ladite maison et terres prochement et noblement, à foy, sans rachat, des seigneuries du Breil d'Iffendicq, de la Châsse, de la Morinais et du Pin, et d'y payer les rentes y deues aux fins des anciens titres... ; au parsur, lesdites maisons franches de toutes rentes, fors dixmes et obéissance à l'usement du fief* ». Les acquéreurs devaient verser au plus tôt la somme fixée, sous réserve d'intérêts à un sol par livre à partir du jour Saint-Michel; de plus, — selon l'usage du temps, — ils compteraient « *pour les épingles du présent contrat, 100 livres, après estres bannis et appropriés* ». J.-B. Grignion déboursa 50 livres pour la grosse du contrat.

Le 27 août suivant, les acquéreurs furent mis en possession du Bois-Marquer. C'est une formalité qu'on ne connaît plus de nos jours. Accompagnés de deux notaires, MM^es^ Grandais et Raffray, et d'un procureur spécial, M. Marescot, J.-B. Grignion et Jeanne Robert se transportèrent à leur nouvelle propriété, afin d'y remplir les diverses formalités requises par le droit. Ils y trouvèrent les fermiers, Fr. Douellan et Guilmette Guérin, qui remirent les clefs de la maison aux mains de M. Grignion, « *lequel a ouvert et fermé les portes, allé et venu de compagnie aux chambres hautes et galetail, et, descendu, a esté fait feu et fumée, bu et mangé* ». De là, on se rendit dans les deux métairies, où l'on recommença les mêmes formalités et « *tous actes possessoires* ». Puis la compagnie fit le tour des « *jardins, pourprix, vignes, verger, terres arables ou autres, préalles, et rabines, bois de haute futaie, dépendants dudit B. M.* » ; on visita le puits et le vivier ; et M. Grignion bêcha au jardin, coupa du bois, etc. Du fait, lui et sa femme devenaient propriétaires de la maison et de ses dépendances.

Il restait cependant une autre formalité à accomplir : c'était la prise de possession du *banc seigneurial* dans une des chapelles de l'église d'Iffendic. Tous quatre s'y rendirent ; « *où estant de compagnie entrés dans une chapelle encaissée à droite vers midy, avons trouvé proche la porte d'icelle chapelle de la Sonnerie, où est l'autel de Saint Michel et de Saint André, un long bancq de vieil bois, rompu dans le bas par caducité ; lequel bancq le sieur de la Bachellerais nous a dit estre, avecq le tombeau qui est soubs le dit bancq, deppendant de ladite maison du B. M. ; dans lequel ledit procureur fit entrer le dit sieur Grignion, qui s'est mis à genou et fait prières devant ledit autel, et après s'être assis sur le bancq, et ensuite a sonné et fait sonner les cloches, et en a fini à faire tous actes possessoires sans aucun trouble ni empeschements* ». — D'après le procès-verbal de cette cérémonie, « *ledit bancq estoit vieux et ancien, armorié sur les deux bouts de deux écussons, le tout en bosse sur le bois, sans casque ny cordons; lequel bancq fermé d'un petit huisset; et avons vu anciennement y avoir eu des caraux de bois des deux côtés dudit bancq pour s'asseoir, et des corbeaux de fer servant à porter la palette de bois sur laquelle les images de saints sont placées* ». Deux habitants de la paroisse, fort avancés en âge, nommés Fournier et Théaudin, appelés par les notaires, affirmèrent par serment « *avoir toujours veü depuis leur cognoissance ledit bancq placé au même lieu, qui dépend de la maison du B. M... et avoir veü et servi le pain bénit aux sieurs et dame du B. M. pendant qu'ils vivoient. Cela fait, le dit Grignion a fait venir Antoine Durand, segrétain de ladite église, lequel a fait ouverture de la terre estant soubs le bancq, où l'on a pu voir un tombeau de pierre de taille à deux pieds en terre* ». Les notaires dressèrent sur place l'acte de prise de possession du banc signeurial. Plusieurs prêtres d'Iffendic, présents, le signèrent avec les témoins.

Ce n'était pas tout. Les acquéreurs durent faire *bannir* leur contrat d'achat, « *par trois proclamations publiques en trois dimanches consécutifs aux issues des grand'-messes d'Iffendicq* », ce qui fut fait pendant le mois de décembre 1675. Et enfin le contrat, ainsi muni de toutes ses formes, fut ratifié le 12 mars 1676 aux généraux-plaids de la juridiction du Breil. Cette fois, l'affaire était réglée; et M. Grignion, qui habitait déjà le Bois-Marquer depuis six mois, fut désormais absolument tranquille au sujet de la possession de ce joli domaine.

Cette maison du Bois-Marquer, aujourd'hui réduite à l'état de ferme, avait alors assez grand air. C'était la gentilhommière du XVIIe siècle. Close de murs ou de haies vives, entourée d'un fossé avec vivier au midi et portail à deux battants, surmontée d'une tourelle à pointe en style de l'époque (aujourd'hui disparue), elle évoquait le calme et la solitude au milieu des futaies qui l'entouraient et des larges rabines qui y donnaient accès. Sur sa porte, un écusson, gravé dans la pierre, rappelait le souvenir des anciens seigneurs qui l'avaient fait bâtir et l'habitaient jadis. Au moment où M. Grignion vint s'y établir, en 1675, le petit manoir consistait en : « *salle, salon, cuisine, celliers et chambres hautes, greniers, galtas, le tout s'entre-commandant avec transport ; grange au bout, couverte de glé* ». La maison, aspectée à l'ouest, avait son entrée principale au midi, face au vivier. A l'est, un grand jardin potager et un verger bien planté d'arbres, donnaient fruits et légumes. L'habitation souriait comme un nid dans la verdure et les bois... Aujourd'hui, les bois ont disparu, le vivier est desséché, les douves comblées ; le petit manoir découronné de sa tourelle, et dont la façade sud, écroulée il y a 40 ans, a dû être rebâtie sans portes ni fenêtres, offre un tout autre aspect. Mais il lui reste un souvenir précieux par-dessus tout : c'est d'avoir abrité un Saint.

C'est là, en effet, dans ce manoir champêtre, que, selon toutes probabilités, le jeune Louis Grignion passa les belles années de son enfance, depuis l'âge de trois ans à peine jusqu'à son départ pour Rennes, vers l'âge de 12 ans. Il y revint ensuite pendant ses vacances d'écolier. La tradition a gardé le souvenir de l'emplacement de la chambre qu'il occupait, et, lors de la démolition des cloisons de bois qui a totalement bouleversé l'étage où elle se trouvait, pour le convertir en un vaste grenier, on a eu l'heureuse idée de placer en un cabinet du rez-de-chaussée, dans la ferme actuelle, les pierres de sa cheminée, qui restent là comme un témoin du passage du Bienheureux. — C'est au Bois-Marquer que Louis, si chaste et si pur, eut l'audace de jeter au feu, au risque de se faire violemment blâmer par son père très irritable, un livre plein d'images obscènes souvent exposé dans la maison aux regards curieux des enfants (57). Il aimait à se retirer et à méditer sous les tonnelles ou les charmilles du jardin, si agréables pendant l'été. On montrait encore, il y a vingt ans, « un vieux témoin de ses oraisons, peut-être de ses extases. C'était un charme énorme qui semblait miné par les siècles ». Lui aussi a disparu avec le temps; seuls, de-ci, de-là, quelques rejetons poussent encore sur ses vieilles racines, comme les derniers souvenirs du passé qui a fui...

Le Bois-Marquer n'avait pas de chapelle. C'est donc à l'église paroissiale d'Iffendic que le futur apôtre devait aller trouver le saint Tabernacle. Il n'y manquait point, certes; et c'est un souvenir bien précieux pour cette antique église d'avoir vu agenouillé dans son enceinte le pieux jeune homme tout absorbé en Dieu. Le monument a subi pas mal de changements depuis cette époque; mais c'est toujours le même grand autel, avec son baldaquin trop lourd; c'est surtout le même joli vitrail au fond du chœur, un peu mutilé sans doute, mais encore bien conservé. Combien il nous plaît de nous représenter le jeune Louis Grignion, pieusement assis dans le vieux banc seigneurial du Bois-Marquer, à côté de sa mère dévote et de ses petits frères et sœurs, fixant des yeux l'autel du Sacrifice, la croix qui le domine, et la grande vitre qui les éclaire! En ce vieux temps, les livres de piété offraient peu de gravures sans doute. Serait-il téméraire de penser que Jeanne Robert aura pris soin d'expliquer elle-même à ses enfants l'histoire du bon Sauveur Jésus, en leur montrant là-haut, après l'office, les belles images coloriées du vieux vitrail? Car, les mères des saints savaient tirer parti de tout pour leur faire connaître et aimer Dieu. La bonne dame Grignion n'y aura pas manqué, et nul doute que la verrière d'Iffendic, qui représente si bien diverses scènes de la vie du bon Maître, aura été pour elle un objet très précieux

(57) Cf. *Le Bienheureux Grignion de Montfort*, par Mgr LAVEILLE (1907), p. 26.

pour instruire ses fils. Avec quel plaisir le futur Bienheureux dut considérer et admirer, en grandissant, ces lumineux tableaux, lui, dont le sens artistique était déjà si développé dès son jeune âge! Mais, c'est surtout au point de vue chrétien qu'il aura goûté la joie de suivre en ces images pieuses le bon Sauveur au milieu de ses souffrances, de sa passion et de sa gloire. Quel livre ouvert aux yeux de l'enfant avide de connaître et de comprendre! Et quelles bonnes heures il dut passer là, pendant ses vacances, au pied de l'autel! Qui sait si ce ne fut pas là, d'ailleurs, devant le grand vitrail et l'Eucharistie, qu'il aura senti naître sa vocation de prêtre et de missionnaire? Nul n'ignore que les premières impressions se gravent toujours profondément dans la mémoire et dans l'esprit. Aussi, quoi d'étonnant à ce que, plus tard, le Bienheureux soit revenu souvent à ces vives images qui l'avaient tant frappé alors, — la Croix, la Cène, le Calvaire, etc., — et que ses prédications aient été pleines d'un tel sujet ? (58).

Bien des lecteurs sans doute, au récit de l'acte d'achat de la terre noble du Bois-Marquer et de la prise de possession par J.-B. Grignion, à l'église d'Iffendic, du banc seigneurial qui en dépendait, auront pu croire que, cette fois, le père du Bienheureux avait acquis la noblesse dont hériteraient ses fils. Qu'ils se détrompent! A partir de ce jour, il demeura simple bourgeois comme auparavant; les notaires, recteurs et procureurs, continueront à lui donner dans leurs actes civils et religieux le titre de « *noble homme* »; mais, comme on l'a dit plus haut, c'est bien la preuve qu'il restait dans le tiers-état. D'ailleurs, J.-B. Grignion lui-même va nous l'affirmer.

Un des privilèges de la noblesse, et le plus important, était l'exemption de *taille*, laquelle était l'impôt roturier par

---

(58) Le vitrail d'Iffendic comprend neuf tableaux : en bas, la Pêche miraculeuse, la Transfiguration et la Dation des clefs; — au second rang, l'Agonie de Notre-Seigneur, la Cène, le Lavement des pieds; — au troisième rang, l'Ensevelissement, le Sauveur en Croix, le Baiser de Judas; dans le tympan de l'ogive, la Résurrection, et des Anges chargés des instruments de la Passion; enfin, au sommet de l'arc, le Père Eternel, tenant Jésus entre ses bras, et accompagné du Saint-Esprit, type ancien de la Sainte Trinité. (Cf. G. de Corson, *Pouillé historique*, IV, p. 724). — Cette verrière date de 1542, qui est sans doute l'année de la construction du chœur de l'église. Elle a subi depuis un siècle plusieurs réparations, d'ailleurs assez heureuses, et garde toujours un réel cachet.

excellence, celui que payaient tous ceux qui n'étaient pas nobles ou gens d'Eglise, impôt onéreux et exécré de tous. Or, en 1698, J.-B. Grignion, faisant une réclamation au sujet de ses impôts, écrivait ces quelques mots : « *J'ay toujours esté impozé au fouage et à la taille de la paroisse d'Iffendic, les ay payées et les paye actuellement.* » C'était bien avouer son état de bourgeois roturier dont il ne rougissait point.

Une autre preuve. Quand un roturier achetait jadis une terre noble (c'est-à-dire exempte des droits de fouage, taille, etc.), le fisc lui imposait un droit spécial appelé *droit de franc-fief,* dû au moment de l'achat et renouvelable tous les vingt ans. M. Grignion, ayant acquis le *lieu noble du Bois-Marquer,* fut taxé à la somme de 165 livres, équivalant à la valeur d'une année des revenus de l'immeuble. Et le nouveau propriétaire paya cette somme au fisc. Eût-il été noble, il n'eût rien déboursé. D'ailleurs, plus tard ses enfants payèrent comme lui, on en a la preuve. Seul, son petit-fils Joseph-Augustin Garson, fils de Renée Grignion, s'étant par deux fois entêté pour ne rien payer, deux fois le fisc fit vendre à sa porte une partie de son mobilier pour l'obliger à se soumettre.

Citons l'extrait du rôle de 1702 fixant à M. Grignion la somme due à l'Etat pour la terre du B.-M. :

« *Etat des sommes que le Roy veut et ordonne estre payées* par les roturiers et non nobles *de la province de Bretaigne, etc., etc. — Evêché de Saint-Malo : J.-B. Grignion, propriétaire du lieu noble du B. M. en Iffendicq, estimé* 150 *livres de revenu, payera pour* 20 *années de jouissance qui finiront en* 1722, *la somme de* 150 *livres* », plus deux sous par livre, qui font 165 livres.

Donc, le fait d'avoir acheté une terre noble, pas plus que celui de porter le titre de la Bachelleraye, n'avait conféré la noblesse au père du Bienheureux. Aussi, sommes-nous obligés de rompre avec la méthode suivie par la plupart des auteurs qui ont raconté la vie du grand missionnaire en lui prodiguant les épithètes sonores de *gentilhomme, de jeune seigneur, de noble enfant,* etc., toutes appellations qui lui eussent répugné au plus haut point. C'est faute de n'avoir pu connaître les documents qui nous ont servi, que ces écrivains ont fatalement erré sur ce point. Le grand peintre qui a dessiné les magnifiques vitraux de la chapelle des Sœurs de la Sagesse, à Saint-Laurent-sur-Sèvre (Vendée), est tombé dans la même erreur, quand il a représenté dans un de leurs panneaux le père du Bienheureux sous les traits d'un riche seigneur, aux habits chamarrés de brocart et de dentelles. Et dans un autre, où il a si gracieusement peint une jolie scène de famille (59), n'a-t-il pas fort malencontreusement placé une panoplie où s'entassent les armes antiques, sous le heaume empanaché, rappelant les lointains aïeux qui auraient croisé le fer aux combats du vieux temps?... Mais, tout cela est de pure imagination. Et, à moins de révélations fort improbables, on ne peut attribuer aux Grignion des ancêtres glorieux, ayant porté cuirasse et chevauché dans les guerres du moyen-âge... Dès lors, nous hésitons à croire que J.-B. Grignion ait voulu, comme l'ont dit les auteurs, pousser son fils aîné vers la carrière des armes, afin de le détourner du Séminaire; seuls, les nobles pouvaient prétendre aux grades dans l'armée, et les Grignion n'avaient pas de blason (60).

Un des biographes du Bienheureux, qui lui a consacré quatre volumes, M. l'abbé Quérard, est surtout tombé dans l'erreur que nous signalons (61) au sujet de la prétendue noblesse de la famille Grignion. Quand son ouvrage parut, en 1887, un érudit de Rennes, M. le chanoine Guillotin de Corson, le présenta aux lecteurs d'une Revue bretonne fort estimable, et, après maints éloges donnés à l'auteur, le savant chanoine ajoutait : « *Nous regrettons en son livre beaucoup d'omissions et d'inexactitudes historiques... Pourquoi nous présente-t-il parfois un tableau peu exact de la position sociale du saint missionnaire? A l'entendre traiter le jeune Grignion de « gentilhomme breton », on oublie vraiment que c'était le fils d'un tout petit bourgeois...* » (62).

C'est bien notre conclusion. Je sais qu'on nous objectera la phrase écrite par M. Léchassier, directeur de Louis Grignion à Saint-Sulpice de Paris, dans une lettre adressée à son sujet à l'Evêque de Poitiers, en 1701 : « *Il est du diocèse de Saint-Malo,* « d'une famille noble », *nombreuse,*

---

(59) Mgr Laveille, *Le Bienheureux Gr. de M.* (1907), p. 6.

(60) Ce fut le cas pour la vocation de saint François de Sales, que la tradition a voulu renouveler pour Louis Grignion, mais à tort.

(61) M. Quérard: *Vie du Bienheureux G. de M.*, Rennes (1887).

(62) *Revue de Bretagne et de Vendée*, n° de mars 1887, page 227.

peu accommodée ». Je sais encore que le Prieur des Dominicains, recevant Joseph-Pierre, frère cadet de Louis, au couvent de Bonne-Nouvelle, en 1695, l'appelait « *Joseph de Grignion* ». De plus, dans un rapport adressé de Paris à l'Intendant de Bretagne, en 1755, nous voyons le neveu du Bienheureux, Louis-Constant Grignion, indiqué comme fils de « *M. du Bois-Marquer Grignion, gentilhomme à Rennes, en Bretagne* ». Et l'on pourrait citer plusieurs autres textes où la particule et le titre de *noble* furent joints au nom de cette famille dans des actes publics ou privés. Mais, il est évident que tout cela était de pure forme et ne tendait qu'à faire honneur et plaisir à ceux qui furent l'objet de cette amabilité. C'était l'usage du temps. En tous cas, le subdélégué de Montfort, M. Juguet, interrogé par l'intendant au sujet du frère du Bienheureux, répondit dans une lettre du 24 janvier 1755 : « *Le nommé J.-B. Grignion, sieur du Bois-Marquer, qui demeure à l'Abbaye, en Breteil, n'est point gentilhomme et n'a d'autre qualité que celle de maître, comme ayant été cy-devant greffier de la juridiction de l'Abbaye, dont je suis juge.* » La question était tranchée (63). Il reste cependant une chose qu'il faut dire : la famille du Bienheureux acquit bientôt une noblesse toute particulière et plus honorable que toute autre : c'est celle qui lui est venue de la sainteté du grand missionnaire; et cette noblesse toute spirituelle fera désormais son plus beau titre de gloire et d'honneur devant la postérité.

⁂

Le fait, longtemps ignoré, est donc aujourd'hui certain : en 1675, J.-B. Grignion et Jeanne Robert s'établirent au Bois-Marquer. Quelle détermination poussa le jeune avocat à quitter son bureau de Montfort ? Nous ne saurions le dire au juste. Les temps étaient troublés (64), la vie à la

(63) Un seul des Grignion aura pu prétendre à la noblesse : c'est l'oncle du Bienheureux, M. Félix-Joseph Grignion, qui remplit longtemps les fonctions très importantes de *Receveur alternatif des deniers d'Octroi* à Montfort et fut anobli à cause de sa charge. Nous en reparlerons plus tard.

(64) C'est en 1675 qu'eut lieu à Rennes et dans quelques villes de Bretagne la fameuse *révolte du papier timbré*. M. Grignion n'aurait-il pas eu à subir quelques vexations à ce sujet ? Les archives n'en disent rien ; mais qui sait si cette affaire ne se lierait point à la cause du départ du jeune avocat ? C'est une idée que nous émettons seulement, sans pouvoir l'étayer de preuves certaines.

campagne offrait beaucoup plus de sécurité qu'en ville où la *vie chère,* — qui n'est pas née d'hier, certes, — était déjà le cauchemar des familles nombreuses. Or, Mme Grignion attendait son cinquième enfant. Il est bien probable que la situation d'avocat ne rapportait guère. Peut-être aussi des difficultés spéciales poussèrent-elles le mari de Jeanne Robert à préférer le silence des champs aux bruits du prétoire, où son tempérament un peu violent dut lui susciter plutôt quelques ennuis. Toujours est-il que la famille quitta Montfort définitivement au mois de septembre 1675. Désormais, on n'y retrouvera plus le nom de J.-B. Grignion aux registres de la Communauté de ville, preuve qu'il n'appartenait plus à la petite cité dont l'administration lui serait désormais indifférente. Une fois ou deux seulement il signa au registre de la paroisse Saint-Jean comme parrain dans une famille amie. Et c'est tout.

Il est bien regrettable que la paroisse d'Iffendic ait perdu presque tous ses registres de *comptes et délibérations du Général* (ou Conseil paroissial) d'avant la Révolution (65) ; ils nous auraient certainement fourni des renseignements fort intéressants. Car, Me Grignion ne dut point y passer inaperçu; sa science d'avocat, son honorabilité, sa situation de propriétaire, tout devait le désigner au choix de cette assemblée — dont il dut faire partie — pour les fonctions confiées à ses membres. Mais, nous n'en saurons rien. Par contre, les registres de l'état civil, précieusement conservés à la Mairie vont nous fournir maintes fois la signature de Me Grignion de 1675 à 1704.

A leur arrivée au Bois-Marquer, on l'a dit, les parents du Bienheureux avaient déjà quatre enfants, nés à Montfort. Ils allaient voir, dans les années qui vont suivre, leur famille augmenter sans cesse et leur foyer se peupler comme par enchantement. On était alors en des temps de foi profonde où les enfants étaient accueillis à leur naissance comme un bienfait du Ciel, et où les parents les aimaient sans les compter. Aussi les familles nombreuses étaient-elles à l'honneur en nos contrées. On y connaissait la parole du psalmiste : « *Qui donc a vu le juste abandonné et ses enfants mendier leur pain ?* » ; et, dès lors,

---

(65) Quatre cahiers seulement de *Délibérations* de la paroisse (1751-1791), et un cahier de *comptes des trésoriers* (1737-1760), sont aujourd'hui conservés à la Mairie. Mais, à ces dates, les Grignion avaient quitté Iffendic depuis longtemps déjà.

on se fiait largement à la Providence. La famille Grignion donna sur ce point un magnifique exemple : Me Charles, l'aïeul, avait eu dix enfants ; son fils, Eustache, en eut au moins six ; Jean-Baptiste en aura dix-huit ; et le plus jeune de ceux-ci en verra naître vingt et un (de deux lits, il est vrai), à Iffendic et à Breteil (66), où nous le retrouverons plus tard.

5° RAOUL. — Le premier des enfants de Me Grignion nés au Bois-Marquer s'appela Raoul; baptisé à Iffendic le 24 mai 1676 par Missire Alain Régnier, il eut pour parrain n. h. Raoul Hindré, sieur de la Cordonnais, et pour marraine Dlle Anne Sauvageau, de Rennes, cousine de Jeanne Robert. — Nous ignorons totalement ce que devint Raoul Grignion ; il dut mourir jeune, en nourrice peut-être (67).

6° SYLVIE. — Après lui naquit Sylvie, le 24 mars 1677, dont le parrain fut écuyer Jean Le Vayer, seigneur de la Morandais (en Bois-Gervilly), et la marraine Dlle Sylvie Thomas, dame de la Ribaudière. — Sylvie Grignion devint, en 1701, religieuse bénédictine au fameux monastère de Fontevrault, en Anjou, et son frère, le Bienheureux, put l'y aller voir plusieurs fois durant ses Missions. Elle y mourut simple sœur converse, dit son acte de sépulture, le 25 avril 1743, à l'âge de 65 ans. Elle s'appelait en religion *sœur Elisabeth.* La prieure du couvent de Fontevrault était alors sœur Marie d'Andigné, de la noble famille de ce nom si connue alors à Iffendic et dans le voisinage.

7° GILONNE. — En 1678, le 27 mars, Jeanne Robert donna une troisième fille à son époux : on l'appela Gilonne ; écuyer Julien Danet, sieur de Récullon, et Dlle Gilonne Macé, dame des Sables, la tinrent sur les Saints Fonts. — Gilonne Grignion dut mourir jeune ; car, son nom fut donné cinq ans plus tard à une autre fille de Me Grignion. Mais, nous n'avons pu retrouver son acte de décès.

8° FRANÇOISE-MARGUERITE. — Elle naquit le 12 avril 1679 ; noble homme Georges Even, sieur des Portes, et Dlle Marguerite Carton, de la Rigaudais, furent ses parrain et mar-

(66) Du côté des Robert, le même exemple se retrouvait : Me Jean Robert, grand-père du Bienheureux, eut quinze enfants à Saint-Sauveur de Rennes, et plusieurs de ceux-ci laissèrent de nombreux descendants.

(67) Le jour où l'on baptisait, à Iffendic, le petit Raoul, Mme Grignion était en deuil de son père, Me Jean Robert, inhumé ce jour même à Saint-Sauveur de Rennes (24 mai 1676).

4

raine. On la désigna plutôt sous le nom de Marguerite, et ayant grandi, elle porta le titre de « *demoiselle de la Chesnais* », ferme proche du Bois-Marquer, qui lui échut en partage en 1717. C'est elle sans doute qui s'était présentée en 1700, avec Sylvie, au monastère de Fontevrault ; mais une grande faiblesse de vue l'empêcha d'y demeurer sous l'habit religieux. Elle vécut depuis lors à Iffendic et à Breteil, avec les siens, et mourut à l'Abbaye, en la maison de Gouascavre (ou Chêne-Colas), en 1721. On l'enterra dans la chapelle des moines, à côté de son père mort en 1716.

9° Guyonne-Jeanne, née le 14 septembre 1680, fut « *présentée en notre église par nobles gens Guy Soulas, sieur de la Belinais, et Dlle Jeanne Régnier, dame du Colombier* », dit le registre d'Iffendic. — D'après ses biographes, celle-ci fut la sœur préférée de Louis Grignion. Citons seulement ici le premier d'entre eux, M. Grandet ; voici ce qu'il en dit : « *Il lia dès son enfance une étroite amitié avec une de ses sœurs qui s'appelait* Louise, *parce qu'il la trouvoit plus docile que les autres à suivre les sentiments et les pratiques de piété qu'il vouloit lui inspirer ; et quoiqu'ils ne fussent encore tous deux que des enfants, il mettoit tout en œuvre pour la retirer des amusements ordinaires à la jeunesse. Il la rappeloit secrètement et par adresse d'avec ses petites compagnes pour la mener prier Dieu.* » *Si elle témoignoit quelque répugnance, il lui faisoit de petits présents et lui disoit : « Ma chère sœur, vous serez toute belle et tout le monde vous aimera, si vous aimez Dieu. » Aussitôt, elle le suivoit, et, à l'exemple de son frère, elle attiroit aussi ses petites compagnes à réciter le chapelet avec elle ; et, pour les engager à le dire tous les jours, Louis leur donnoit tout ce qu'il avoit de plus beau et de meilleur.* »

Ce nom de Louise que les biographes du Bienheureux ont donné à la sœur préférée de son cœur, et par lequel il la désignait lui-même dans ses lettres, n'était donc pas le sien : elle s'appelait Guyonne. Mais, n'est-il pas aisé de supposer que ce fut cet attachement tout particulier du frère aîné pour la sœur plus jeune qui fit donner à celle-ci par les parents ce nouveau prénom qui les rapprochait tous deux ? On sait du moins que Demoiselle Louise Grignion, après avoir passé par des alternatives bien grandes de bonheur et de difficultés fort douloureuses à Paris, où l'avait emmenée une amie de la famille, put enfin, grâce à son cher frère Louis, entrer au monastère de Rambervilliers, en Lorraine, où elle prit l'habit des religieuses du

Très Saint Sacrement, sous le nom de sœur Saint-Bernard, en 1702. Il faut lire dans les auteurs qui ont raconté la vie du Bienheureux, les belles lettres que celui-ci écrivait à sa chère sœur. Nous ne pouvons nous y arrêter dans ces notes. Il s'en dégage une certitude que la sœur du grand missionnaire était fort avancée en vertu et en spiritualité. On ne s'étonnera donc pas d'entendre ses biographes nous assurer qu'elle mourut « *en odeur de sainteté* ». Ce devait être aux environs de 1750. Mais, la disparition des registres mortuaires du couvent de Rambervilliers nous prive de son acte de décès, qui eût sans doute apporté des précisions intéressantes à ce sujet.

10e Françoise-Thérèse. — Le 17 septembre 1681, pour la dixième fois Jeanne Robert devint mère; Dieu lui donnait sa sixième fille après quatre garçons. Ce fut Françoise-Thérèse, que nommèrent Me François Chevallier, procureur au Présidial de Rennes, et Dlle Thérèse Robert, beau-frère et sœur de Mme Grignion. Le jeune Louis assistait au baptême en l'église d'Iffendic, — comme on l'a déjà dit plus haut, — et il signa lui-même au registre. Il n'avait que huit ans et demi. — Thérèse Grignion, qui n'avait gardé que ce seul prénom, se maria en 1721, à l'âge de quarante ans, dans la chapelle des moines de l'Abbaye, à Me Jean Argentais, sieur des Métairies, de Bédée, qui devint plus tard ***sénéchal et seul juge de la juridiction de la Touche-Parthenay, en Breteil.*** On l'appelait Mlle du Plessix, du nom d'une des deux fermes qui entouraient le Bois-Marquer. Ce fut celle-ci qui obtint en partage, en 1717, le manoir paternel. Mais elle l'échangea bientôt contre la Bachelleraye échue à sa sœur Renée. C'est donc Renée Grignion, la sœur aînée du Bienheureux, mariée en 1704 à Me Pierre Garson, de Guipry, qui posséda dès lors la terre noble du Bois-Marquer, laquelle passa ensuite à son fils Joseph Garson, que nous retrouverons plus tard.

Thérèse Grignion s'établit avec son mari au lieu des Métairies, proche le bourg de Bédée, où demeurait la famille Argentais. Le ciel leur donna d'abord deux filles : Anne-Marie, en 1722, et Jeanne-Louise, en 1723, qui naquirent à Bédée, puis un garçon, François-Joseph, qui vit le jour à l'Abbaye, en Breteil, où ses parents venaient de s'établir, en 1725. Me Jean Argentais était devenu notaire de la juridiction de l'Abbaye Saint-Jacques. — A sa mort, Thérèse Grignion fut enterrée dans l'église de Breteil, en 1752. Bientôt, Jean Argentais retourna demeurer aux Métairies, en Bédée ; il y mourut à soixante-dix ans, en 1765, et fut inhumé dans l'église paroissiale.

Que devinrent leurs enfants ? — Le plus jeune, François-Joseph, entra au couvent des Capucins, à Rennes, à l'âge de dix-sept ans ; mais il en sortit bientôt, faute de vocation certaine, et devint plus tard huissier-audiencier au Présidial. En 1756, il était trésorier de la Fabrique de Saint-Etienne de Rennes (68).

Jeanne-Louise Argentais, demoiselle de la Gueslière, épousa, le 6 octobre 1748, à Breteil, Me Pierre Danet, de Maxent, sieur de la Houssais. Ils demeuraient à l'Abbaye, où ils eurent au moins un fils, nommé Jean-Baptiste, et une fille, Anne-Françoise, qui épousa Me Julien Lanjuinais. Ayant reçu en héritage de sa tante, Anne Argentais, la terre de la Bachelleraye, c'est Anne Danet qui vendit cette ferme, en 1792, à M. de la Haye du Plessix, et la fit ainsi sortir des mains de la famille Grignion. — Devenu veuf, Me Danet quitta l'Abbaye pour s'établir au faubourg Saint-Nicolas, au lieu de la Chibière, sur la paroisse de Bédée. Il devint maire de Montfort. Décédé, en 1764, il y fut inhumé dans l'église Saint-Nicolas, par permission du Recteur de Bédée.

Anne Argentais, fille aînée de Thérèse Grignion, avait épousé, à Breteil, en 1742, Me Godefroy Chèze, sieur de Purluc, greffier de la juridiction de Montauban. Ils n'eurent qu'une fille, nommée Jeanne, née à Bédée, qui mourut jeune. Aussi, le 9 mai 1759, Me Chèze, sentant venir la mort, voulut faire son testament, et, d'accord avec son épouse, il régla ses dernières volontés dont plusieurs furent en faveur des pauvres de la paroisse et des environs. Il mourut le 12 mai suivant. — Sa veuve, Anne Argentais, disposa également de son bien en 1773, et une bonne part en fut destinée à l'église de Bédée, à ses confréries, et aux pauvres, ainsi qu'en prières à son intention. Nous ne pouvons rapporter au long ici ce testament, vraiment digne d'une nièce du Bienheureux qui aima tant les pauvres. La malade vécut encore dix ans, et, à sa mort arrivée à Bédée en 1783, sa terre de la Bachelleraye revint à sa nièce, Anne Danet, comme on l'a vu plus haut.

---

(68) Outre ce neveu qui n'y resta pas, le Bienheureux avait deux cousins de Rennes au couvent des Capucins.

11° GABRIEL-FRANÇOIS. — Après Thérèse Grignion, naquit Gabriel-François, le 17 septembre 1682, qui eut comme parrain Gabriel d'Andigné, seigneur de la Morinais, et pour marraine Dlle Françoise Guyon, Dlle de la Grée (69). Gabriel devint prêtre. Sous-diacre en 1707, il reçut le sacerdoce en l'église abbatiale de Saint-Méen le 22 septembre 1708. Trois ans après, on le trouve curé d'office à Saint-Léger, près Combourg, dont le Recteur venait de trépasser. Mais, à l'arrivée d'un nouveau titulaire, l'abbé G. Grignion s'en alla rejoindre son frère, le Bienheureux, qui travaillait alors aux missions du Poitou. Les chercheurs ont signalé son passage à La Rochelle en 1711. Il avait sa place dans les rangs d'une splendide procession qui se déroula dans les rues de la cité, et dont l'ordonnance même a été conservée dans un curieux dessin récemment découvert à la Bibliothèque de cette ville. La légende du dessin porte : « *M. Grignion, frère du missionnaire, qui fit plusieurs essais de procession dans la ville et dehors, pour accoutumer les femmes ; et il a fait plusieurs missions, en ayant toujours pour principe le chapelet* (70). » Or, ce frère du missionnaire ne pouvait être que Gabriel Grignion.

Celui-ci ne demeura pas longtemps avec son frère ; car nous le retrouvons bientôt à Iffendic où il assiste, le 6 février 1713, aux obsèques de messire Jean-François d'Andigné, « *chevalier de la Chapelle, capitaine au régiment de la Reine* », mort à 42 ans, et qui fut inhumé dans le chœur de l'église paroissiale ; la signature de l'abbé Grignion se trouve au bas de l'acte. Trois mois plus tard, il signait également, à côté de son père, au baptême d'un neveu, Joseph Grignion, fils de Jean-Baptiste et de Gilette Le Clerc, du Bois-Marquer. C'est qu'en effet, l'abbé Gabriel Grignion, avait pu obtenir la chapellenie de la Courbe, en Iffendic, alors fondée de messes (aujourd'hui disparue).

---

(69) Il est certain que la famille d'Andigné était alliée à la famille Saulnier, d'où venaient les Grignion, par Jacquemine, grand'mère du Bienheureux : Gabrielle Saulnier, nièce de celle-ci, avait épousé en 1681, à Paimpont, écuyer François d'Andigné, sieur de Grandfontaine (frère ou cousin de Gabriel).

(70) Ce dessin fut découvert par le P. Texier, S. M. M., qui en publia la légende en 1900 dans le *Règne de Jésus par Marie* ; et Mgr Laveille a donné un fac-similé du dessin lui-même dans son ouvrage sur le Bienheureux Montfort publié en 1916 (p. 243). C'est une gravure fort intéressante.

C'est dans ce village qu'il mourut, jeune encore, en 1717. Il fut inhumé le 12 avril au cimetière d'Iffendic.

12° GILONNE. — Pour la douzième fois, Jeanne Robert devint mère : le 24 octobre 1683, le Recteur d'Iffendic baptisa dans son église Gilonne Grignion, qui fut nommée par « *discret Gilles Robert* », et Renée Grignion, sa sœur aînée. — Gilles Robert, frère de Mme Grignion, qui n'était alors que diacre, devint prêtre et Recteur de Lanrelas, où il mourut en 1698. Nous le retrouverons plus tard. Sa filleule ne vécut que huit ans ; décédée au Bois-Marquer, elle fut enterrée dans l'église d'Iffendic le 8 juillet 1691.

13° JEANNE-FRANÇOISE. — Moins d'un an après Gilonne, naquit Jeanne-Françoise Grignion, qui fut baptisée à Iffendic le 30 septembre 1684 par « *vénérable et discret Guy Soulas, sieur de la Blinaye* », que nous avons déjà rencontré (71). Le parrain, cette fois, fut messire Jean de la Monneraye, écuyer, sieur de la Maillardière, et la marraine Damoiselle Françoise Timel, dame de Launay, la respectable mère de Jeanne Robert. L'enfant vécut seulement deux ans, et fut enterrée en l'église d'Iffendic le 12 septembre 1686.

14° ALAIN. — Il fut baptisé à Iffendic le 18 août 1685 par Missire Pierre Maudet, prêtre de la paroisse, grand-oncle de M. Maudet qui devait devenir en 1801 premier sous-préfet de Montfort. Son parrain, prêtre également, s'appelait Missire Alain Régnier ; sa marraine fut Hélène du Bois-Halbran, dame de la Neuville. Le nouveau-né mourut au bout de dix jours, et son corps fut inhumé à côté de sa sœur Jeanne en l'église d'Iffendic.

Avec Alain se termina la longue et belle série de dix enfants Grignion nés au Bois-Marquer en neuf ans, du 24 mai 1676 au 18 août 1685. Quatorze fois déjà Jeanne Robert était devenue mère ; Dieu lui réservait encore de recevoir quatre fois le grand honneur de la maternité. Mais, c'est à Rennes désormais que naîtront ses enfants.

---

(71) Missire Guy Soulas, né à Saint-Méen, devint Recteur de Concoret en 1696 et y mourut en charge en 1719, à 62 ans. Il fut enterré dans le cimetière, où l'on voyait encore son tombeau au début du siècle dernier. Le peuple allait y prier et l'invoquait jadis, parce qu'il avait une grande réputation de sainteté (*Registre de Concoret*, p. 247).

15° Jeanne-Mathurine. — Née le 17 décembre 1686, sur la paroisse de Saint-Sauveur de Rennes, Jeanne y fut baptisée par son oncle Missire Alain Robert, « *prestre de cette église* », dont il devait devenir bientôt le sacriste. Me Mathurin Robert, sieur du Bourg, et Dlle Jeanne Timel, veuve de Me Sauvageau, tante de Jeanne Robert, la tinrent sur les fonts du baptême. Louis Grignion assistait à la cérémonie et signa au registre (avec un seul prénom). Jeanne Grignion mourut au Bois-Marquer et fut inhumée dans l'église d'Iffendic le 1er mars 1687.

16° Jean-Baptiste. — On se rappelle que le premier-né de Jeanne Robert avait été appelé Jean-Baptiste, et qu'il mourut fort jeune. Celui-ci le remplaça, en portant le nom de son père. Il naquit à Rennes, rue de la Fillanderie (72), en Saint-Germain, « *dans la maison de Mlle Dubois* », le 5 janvier 1689. On lui donna le baptême le 8 en l'église de la paroisse. Son parrain fut son frère aîné, Louis, le futur Bienheureux, assisté de Dlle Jeanne Dubois, qui était apparentée aux Grignion par les Saulnier. Le parrain signa au registre, et cette fois encore avec son seul prénom, Louis, ce qui semble bien prouver, — on l'a dit, — qu'il n'avait pas encore ajouté à ce nom celui de Marie, sinon il l'aurait sans doute indiqué. Ce fut Jean-Baptiste, le seizième enfant de cette magnifique famille, qui continua la lignée des Grignion. Nous le retrouverons tout à l'heure, pour en parler longuement.

17° Ambroise. — Il naquit en la paroisse Saint-Etienne de Rennes, où il fut baptisé le 21 février 1690, par Missire Alain Robert, son oncle, que nous connaissons déjà. Me Ambroise Tanqueray, et dame Guilmette Prioul, dame de Launay-Québriac, le tinrent sur les fonts du baptême. Cette fois encore, le frère aîné assistait à la cérémonie et signa : Louis Grignion. L'enfant vécut quatre ans, et, à sa mort au Bois-Marquer le 24 juin 1694, il fut inhumé avec ses frères et sœurs dans l'église d'Iffendic.

18° Jeanne-Marguerite. — Enfin, le 22 septembre 1691, Jeanne Robert fut mère pour la dix-huitième fois en vingt ans, et sa benjamine, qu'on appela Jeanne-Marguerite, fut baptisée le 24 en l'église Saint-Etienne, sur la paroisse duquel elle était née. Son parrain fut Me Claude Deffeins,

(72) A peu près à l'endroit de la rue Lafayette actuelle.

avocat en la Cour, et sa marraine Dlle Jeanne Bernard, de l'Abbaye, qui signèrent au registre avec plusieurs témoins. — Jeanne Grignion vécut jusqu'à l'âge de dix-huit ans. Ayant suivi ses parents dans leur humble retraite de Couascarre, à l'Abbaye en Breteil, elle y mourut le 25 février 1708, et fut enterrée dans la chapelle des moines, par permission du Prieur, le R. P. Lefranc. Son acte de décès lui donne le nom de Jeannette, diminutif gracieux qui devait plaire à tous. On croit que la jeune défunte faisait partie du Tiers Ordre ; n'était-ce point son frère aîné qui l'aura enrôlée sous la bannière de saint François quand il prêchait à Montfort l'année précédente ? C'est fort possible.

La date de la mort de Jeanne Grignion nous sera fort utile quand nous aurons à parler des déplacements de sa famille.

Quoi qu'il en soit, Jeanne-Marguerite, en naissant, avait fermé le cercle de la superbe couronne d'enfants qui entourèrent de respect et d'amour leurs dévoués parents, chrétiens à la foi solide et vaillante. Hélas ! il est vrai, la mort touchait souvent de son aile sombre les berceaux du Bois-Marquer. Aussi, après vingt ans, à la naissance de Jeanne, ne restait-il plus que douze enfants à J.-B. Grignion et à sa chère épouse. Et même en 1716, à la mort du père de famille, il n'y en avait plus que huit, dont deux filles religieuses et le grand missionnaire, alors trop éloignés de lui pour assister à son trépas et à ses funérailles. Et quand, à son tour, Jeanne Robert, la vénérable mère de si nombreux enfants, s'éteignit à Rennes en 1718, quatre seulement d'entre eux purent lui fermer les yeux, Renée, Marguerite, Thérèse, et Jean-Baptiste (73).

Ainsi, nous l'avons vu, six frères et sœurs du Bienheureux reposent dans l'église paroissiale d'Iffendic, ainsi qu'un cousin et une belle-sœur. A Breteil, son frère Jean-Baptiste sera inhumé en 1770, après sa femme et plusieurs de leurs enfants. A Bédée également, l'ancienne église conservait les cendres d'un oncle et de plusieurs parents du grand missionnaire. Dès lors, les statues qu'on

(73) Le Bienheureux était mort trois mois après son père, le 28 avril 1716, à Saint-Laurent-sur-Sèvre.

lui a élevées en ces églises ne sont-elles pas bien à leur place ? Du haut de leur piédestal, le Bienheureux y veille sur leurs restes mortels comme un gardien pieux et un bon frère. Et même à l'Abbaye, dans l'antique chapelle restaurée avec tant de goût, ses plus chers amis d'ici-bas ne sont-ils pas devenus les gardiens du tombeau de son vénéré père et de deux de ses sœurs ? Heureux rapprochement, comme sait en ménager parfois la divine Providence, et qui a dû faire bien plaisir au ciel au bienheureux Montfort (74).

Avant de passer outre, reportons-nous par la pensée à cet heureux temps de la jeunesse du saint missionnaire, et admirons le tableau de la chrétienne famille de J.-B. Grignion qui remplissait le Bois-Marquer de ses joyeux ébats. On aime à se représenter la mère du futur apôtre formant toute la semaine ses fils à la vertu, leur apprenant à lire, à écrire, à compter, — car alors les écoles étaient rares, et Iffendic n'en possédait pas encore. Et puis le dimanche on allait à la messe à l'église du bourg. Eté comme hiver, les joyeux enfants suivaient le chemin qui y mène, se tenant par la main, alertes et sautillants. Il y en avait toute une grappe autour des parents heureux et fiers, le long des verts sentiers. Louis, l'aîné, grave et sérieux déjà, suivi de près par Louise, la préférée de son cœur d'enfant, marchait sans doute en tête. Bientôt, la petite famille, serrée à l'église dans le vieux banc seigneurial, priait avec ferveur. Et, au retour, il nous semble entendre Louis expliquer doucement aux plus jeunes le prône du Recteur et tâcher de leur apprendre à aimer le bon Dieu... Combien lui-même aura plaisir plus tard, en ses vacances d'*escholier,* comme on disait alors, à revoir ces sentiers fleuris, à s'élever d'amour en face de cette belle nature et sous les grands arbres des rabines du Bois-Marquer, maintenant disparues, dont le silence l'attirait et le charmait ! Et, quand aujourd'hui l'on suit ces vieux chemins qu'il a tant de fois foulés de ses pas, à chaque

(74) La tombe de J.-B. Grignion y fut-elle marquée d'une pierre, comme cela se faisait souvent jadis dans les églises ? Nous n'en savons rien. En tous cas, toute la nef de la vaste chapelle ayant été rehaussée de plus de deux pieds par les Ursulines au début du XIXe siècle, la restauration actuelle n'a pu envisager un enlèvement complet des matériaux accumulés, et l'on ne saura jamais au juste l'endroit où y reposent le père du Bienheureux et ses deux sœurs, Jeanne et Marguerite. Mais leurs restes y demeurent.

tournant, à chaque brèche, on croit le voir apparaître, les yeux baissés et le rosaire en mains. Heureuse la terre foulée par les pieds des Saints ! Heureuses les maisons qui les abritèrent ! Leur souvenir y plane et leur ombre semble y flotter encore. N'est-ce pas l'impression qu'on éprouve en entrant dans la cour du vieux manoir où grandit le futur apôtre ? Heureuses aussi les paroisses qui peuvent se glorifier d'avoir vu naître et possédé ces hommes de Dieu ! Nul doute que, du haut du ciel ils ne veillent sur elles avec amour et savent leur obtenir des grâces de choix. Iffendic a bien le droit d'être fier d'avoir vu passer ainsi au Bois-Marquer le bienheureux Montfort.

Revenons aux parents du Bienheureux.

Quand l'âge vint pour J.-B. Grignion et Jeanne Robert, ils pensèrent à quitter le Bois-Marquer, afin d'aller se reposer ailleurs sur leurs vieux jours. Il est difficile de préciser au juste l'année de leur départ. Nous savons, du moins, qu'ils n'étaient plus à Iffendic en 1707. Ce qui le fait supposer, c'est que le Bienheureux, leur fils, ayant travaillé cette année même à la Mission de Montfort (75), accepta — s'il faut en croire la tradition rapportée unanimement par ses biographes, — de manger une fois chez ses parents, ce qui n'eût pu se faire au Bois-Marquer trop éloigné, vu que, de plus, il s'était fait accompagner par un bon nombre de pauvres, selon son habitude (76). Or, comme rien n'autorise à penser que J.-B. Grignion se fût retiré à Montfort même, c'est à l'Abbaye, en Breteil, dans sa maison de Couascavre, qu'il avait dû s'établir avec son épouse et ses deux filles ; et c'est là qu'aurait eu lieu le repas dont parlent les auteurs ; c'était, d'ailleurs, très faisable, l'Abbaye étant tout proche de Montfort.

---

(75) La Mission de juillet 1707 était sous la direction de M. Jean Leuduger, comme l'indique l'acte suivant que nous copions au registre de Saint-Jean de Montfort : « *Catherine de Léon, du mariage de Bertrand de L. chirurgien et de Dlle F. de la Noë, née le 24 juillet, a été baptisée le 25 par M. de Leuduger, scholastique de Saint-Brieuc, chef de la Mission de Montfort.* » Louis Grignion travaillait donc encore à ce moment sous la direction de Jean Leuduger, et ce n'est que plus tard qu'il dut s'en séparer, quoi qu'en aient dit ses biographes, en plaçant cette séparation à la fameuse Mission de Moncontour.

(76) Cf. Mgr Laveille, *Le Bienheureux G. de Montfort*, p. 270.

Il est possible même que les parents du Bienheureux aient pu demeurer d'abord à Rennes, pendant quelque temps, au sortir du Bois-Marquer. En effet, un acte notarié du 8 août 1706, rapportant un contrat de vente d'une maison qu'ils possédaient auprès de Saint-Sauveur, dit positivement qu'ils « *demeuraient alors ruë et paroisse de Saint-Hélier, de la ville de Rennes.* » Nous n'y contredirons pas ; mais les termes employés nous paraissent ambigus ; et d'autres textes similaires nous inclinent à penser que le notaire a voulu indiquer par là une simple *élection de domicile*, comme on dit en droit, et non un domicile vrai.

Nous pensons donc que J.-B. Grignion et Jeanne Robert n'avaient quitté le Bois-Marquer que pour s'installer à l'Abbaye, où ils comptaient passer en paix le reste de leurs jours, à proximité de Montfort et des enfants qu'il leur restait encore à ce moment. Nous sommes certains, du moins, qu'ils y étaient au début de 1708 ; car, à la date du 25 février, le registre mortuaire de Breteil contient l'acte de sépulture de « *Jeannette Grignion, âgée de 18 ans, décédée à l'Abbaye* », et qui fut enterrée dans la chapelle du monastère. Pas de doute : il s'agit bien là de la dernière née des sœurs du Bienheureux, baptisée en 1691 à Saint-Etienne de Rennes (77). L'acte, il est vrai, ne donne point les noms de ses parents ; mais la chose est claire.

M. Jean-Baptiste Grignion vécut encore plusieurs années à l'Abbaye. La mort vint l'y trouver le 22 janvier 1716. Voici son acte de sépulture inscrit au registre de la paroisse :

« *Noble homme J.-B. Grignion, sieur de la Bachellerais, âgé de 70 ans, du village de l'Abbaïs, paroisse de Breteil, fut apporté à Breteil le 23e janvier 1716, où son service fut fait solennellement, le corps présent ; et a été permis ensuite par moi soussigné, Recteur, qu'on ait transporté le corps dans l'église de l'Abbaïs Saint-Jacques pour estre inhumé.* » Signé : Fr. Ruellan, Recteur, et J. Macé, curé.

Les registres de Breteil nous montrent plusieurs cas d'inhumations faites en la chapelle des moines, sans que

---

(77) Un autre acte relevé au même registre, à la date du 14 mars 1710, est à signaler ici. On y voit qu'un pauvre enfant mendiant, âgé de 10 ans, nommé Bizette, de Montauban, décéda à l'Abbaye, « *chez M. de la Bachellerais* », qui le fit inhumer à Breteil. Preuve que la charité pour les malheureux était de tradition dans la famille Grignion, et que le grand missionnaire avait dû puiser d'abord au foyer paternel ce grand amour du pauvre qui brilla tant en lui.

le corps ait été préalablement apporté à l'église paroissiale. Pourquoi, cette fois, le Recteur avait-il agi de la sorte, sinon en considération de l'honneur qui en revenait à la paroisse ? Car, ce jour-là, c'était au père d'un Saint qu'on rendait les honneurs funèbres ; et M. Ruellan devait être sans doute un des amis du Bienheureux au pays de Montfort, où tant d'autres le combattaient.

Le grand missionnaire était à table, pendant la mission de Villiers-en-Plaine, dans le Poitou, quand lui parvint la nouvelle de la mort de son père. « *Dieu me l'a donné ; il me l'a repris ; que son saint nom soit béni !* », dit-il simplement. Pour un homme aussi saintement trempé, la mort avait perdu son aiguillon. Il était lui-même préparé à la recevoir trois mois plus tard (28 avril 1716), dans des sentiments admirables de foi et de piété. Il va de soi que le Bienheureux ne put venir assister aux obsèques de son père. En ce temps où les nouvelles étaient si lentes à recevoir, on ne pouvait compter sur lui. J.-B. Grignion était déjà dans la tombe quand son fils apprit sa mort.

Comme on l'a vu plus haut, les quatre enfants vivants se partagèrent l'héritage de leur père, et Jeanne Robert leur abandonna même tous ses droits, sous réserve de la propriété de la Bachelleraye, sur laquelle reposait le Titre clérical de son cher fils, Louis, le missionnaire, qu'elle voulut garder expressément pour elle jusqu'à sa mort. La bonne et pieuse mère du Bienheureux ne survécut que deux ans à son mari ; elle mourut à Rennes en 1718. Voici son acte de sépulture, que nous avons copié au registre de l'église Saint-Etienne :

« *Damoiselle Jeanne Robert, de la paroisse de Berteil, évesché de Saint-Malo, en son vivant épouse de M. de la Bachelleraye Grigneon, âgée d'environ 70 ans, décédée hier, a été inhumée dans l'église le 26e septembre.* » (Signé : Y. Phélippe, curé).

La teneur de cet acte semble bien dire que Jeanne Robert était étrangère à la paroisse où elle mourut. Aussi, pensons-nous qu'elle s'éteignit au cours d'un séjour qu'elle faisait chez sa fille Renée, qui, mariée en 1717 à M. Guérin de Guinermo, habitait alors la paroisse Saint-Etienne ; et dans ce temps où l'on transportait rarement les corps des défunts, les restes de son épouse n'auront pas rejoint ceux de J.-B. Grignion dans la chapelle de l'Abbaye. Les cendres de Jeanne Robert attendent toujours le jugement dernier sous le dallage de l'ancienne église Saint-Etienne, aujourd'hui convertie en magasin militaire... Tel est le sort des choses !

A la mort de leur mère, un nouveau partage fut fait des biens de famille entre les enfants Grignion ; la Bachelleraye, on l'a vu, revint à Thérèse, épouse de Me Argentais, de Bédée. On sait ce qu'elle devint plus tard. Le Bois-Marquer, manoir familial, échut en fin de compte à Renée Grignion ; on dira plus loin comment il sortit des mains de la famille du Bienheureux. Quant aux autres biens, ils nous intéressent moins, et nous n'en parlons pas (78).

Après le décès de Jeanne Robert, ses enfants continuèrent d'habiter la maison de Couascavre, à l'Abbaye, au moins jusqu'à la mort de Thérèse, en 1752. Peut-être même une cousine du Bienheureux, Rose Grignion, y demeura-t-elle jusqu'à sa mort, en 1763. Puis la maison dut servir à Jean-Baptiste Grignion, que nous avons vu établi depuis longtemps dans le même village, et qui possédait à sa mort, en 1770, l'humble habitation. Les enfants de ce dernier la vendirent, en 1790, à M. Joseph Denieul (79), dont les héritiers la possèdent encore aujourd'hui. Un grand chêne l'abrite ; et, comme elle s'appelait jadis Couascavre, le langage populaire, assemblant les deux mots, a formé un nouveau mot qui la désigne actuellement : le Chêne-Colas.

C'est Jean-Baptiste, un des derniers-nés de la famille, qui va continuer la lignée des Grignion.

Il se maria deux fois. Il épousa d'abord à Saint-Sauveur de Rennes, par permission du Recteur de Pleumeleuc où demeurait sa fiancée, Dlle Gilette Le Clerc, fille de Me Jean Le Clerc, sénéchal de Clayes. Missire Alain Robert, son oncle, alors prêtre-sacriste de Saint-Sauveur, bénit le mariage de son cher neveu, le 29 juillet 1713. Celui-ci s'établit au Bois-Marquer, où il eut cinq enfants :

---

(78) J.-B. Grignion avait quelques immeubles à Montfort, qu'on ne peut désigner exactement. La ferme du Plessix-Bois-Marquer, au nord de la gentilhommière, appartint jusqu'en ces derniers temps à une des dernières descendantes de la famille Grignion, Mme de Pons, née Tiengou de Trefferiou. A sa mort, en 1917, elle fut vendue et se trouve aujourd'hui aux mains d'une famille de Montfort.

(79) Le fils de Joseph Denieul devint prêtre ; il fut Recteur de Noyal-sur-Vilaine et de Cintré, puis aumônier de l'Hospice de Montfort, où il mourut en 1865.

1° Joseph, né le 20 mai 1714, qui mourut célibataire, à l'Abbaye, en Breteil, le 17 janvier 1763.

2°) René, né le 6 juin 1715, mort le 13 septembre 1715.

3°) Eloi, né le 25 juin 1716, mort le 21 janvier 1718.

4°) Jean-Baptiste, né le 29 janvier 1718. Il vécut vingt-cinq ou trente ans; mais nous ignorons le lieu de son décès.

5°) Anne-Renée, née le 1er juillet 1719, morte le 7 octobre suivant, enterrée avec Eloi et René « *dans le reliquaire de l'église d'Iffendic* », c'est-à-dire sous le chapiteau du Midi, où l'on conservait pieusement les ossements des morts retrouvés en creusant les tombes, selon l'usage ancien du pays.

Il régnait alors à Iffendic et aux environs (80) une épidémie terrible qui décimait vraiment les familles : l'épouse de J.-B. Grignion succomba elle-même à la *contagion*, comme on disait alors, et fut inhumée le 28 septembre 1719, huit jours avant son dernier-né. Son mari, resté veuf avec deux enfants, put recueillir l'héritage de la défunte, qui, d'après une lettre de 1755, se montait à 400 livres de rente. Mais, il ne demeura plus longtemps au Bois-Marquer ; il rejoignit de bonne heure ses sœurs, à l'Abbaye, en Breteil. Puis, bientôt, ayant songé à fonder un nouveau foyer, il convola en secondes noces, le 22 octobre 1722, en l'église du Lou-du-Lac, avec Dlle Marie-Angélique Guyon, fille de n. h. Pierre Guyon, de la Pommerais, en Montauban. L'acte de mariage indique bien que J.-B. Grignion était alors domicilié sur la paroisse de Breteil. Les nouveaux époux s'installèrent dans une maison qui existe encore, à l'extrémité nord du village de l'Abbaye (face au Chêne-Colas).

Là, J.-B. Grignion et Marie Guyon virent naître en vingt et un ans le nombre imposant de seize enfants, que ces époux chrétiens purent tous présenter à l'église de Breteil pour le saint Baptême. En voici les noms :

1°) Félix-Joseph, né le 3 février 1724 ; — 2°) Damase, le 16 mars 1725, mort à Breteil, en 1730 ; — 3°) Louis-

(80) Cette épidémie fit plus de cent quarante morts en quatre mois à Iffendic. Bédée fut plus atteint encore ; il y eut en août cent soixante-cinq morts (plus que le total d'Iffendic) ; et, fait exceptionnel, on inscrivit vingt-deux sépultures au registre le 22 août. Breteil fut également fort éprouvé. Montfort le fut un peu moins. Les campagnes surtout fournirent beaucoup de victimes dans toutes les paroisses. Cela n'empêcha pas d'enterrer les morts dans les églises, au mépris de toutes les règles de l'hygiène et du bon sens...

MARIE (comme l'oncle missionnaire), le 2 juillet 1726 ; mort au village de la Comtais, en Bédée, en 1727 ; — 4°) FRANÇOISE, le 10 juin 1728 ; — 5°) JEANNE-CÉLESTE, le 3 octobre 1729 ; morte en décembre 1730, inhumée dans l'église de Breteil ; — 6°) LOUIS-CLAUDE, le 29 décembre 1730, mort en nourrice, à Talensac, en 1731 ; — 7°) LOUIS-CONSTANT (81), le 12 juin 1732 ; devint séminariste, mais ne fut pas prêtre ; nous le retrouverons plus tard ; — 8°) RENÉ-PIERRE, le 2 septembre 1734 ; — 9°) URSULE-HENRIETTE, le 7 novembre 1735 ; morte à l'Abbaye, le 29 avril 1746, inhumée à Breteil ; — 10°) MATHURIN, le 30 juillet 1737 ; mort au Bois-Marquer, chez le fermier, au mois d'août ; fut inhumé à Iffendic ; — 11°) THÉRÈSE-JEANNE, le 19 octobre 1738 ; — 12°) MARIE-CATHERINE, le 24 mars 1740 ; — 13°) ANNE-MARGUERITE, le 23 mai 1741 ; morte à l'Abbaye, le 26 septembre 1746, inhumée à Breteil ; — 14°) MARIE-FRANÇOISE, le 14 août 1742, morte le 9 novembre suivant, à la Touche, en Bédée ; — 15°) JEANNE-FRANÇOISE, le 23 novembre 1743 ; morte à Iffendic, le 23 février 1744 ; — 16°) JEAN-BAPTISTE, le 12 janvier 1745.

La mère de tant d'enfants ne put les voir grandir tous ; Dieu la rappela à lui le 29 mai 1745. Elle n'avait que quarante-cinq ans. On l'enterra dans l'église de Breteil.

Devenu veuf une seconde fois, et chargé encore de nombreux enfants, J.-B. Grignion resta fixé pour toujours à l'Abbaye, où il labourait ses champs, tout en remplissant les fonctions de greffier de la juridiction du Monastère. Une lettre du Maire de Montfort, M. Juguet, écrite à l'Intendant de Bretagne, en 1755, en réponse à une demande de renseignements, va nous donner quelques détails intéressants sur le père et sur les enfants : « *Le nommé J.-B. Grignion,* dit-il, *a sept huit enfants, sçavoir un de sa première femme, et qui reste chez son père. Il est eschu à cet enfant du premier lit environ 400 livres de rente, qui aident au père à vivre et à nourir quatre enfants qu'il a encore chez lui d'une seconde femme dont il est veuf et qui paraît avoir 80 livres de rente. Les deux fils aînés de ce second mariage ont quitté le père, qui élève assez durement ses enfants. L'aîné, nommé Félix, âgé d'environ 32 ans maintenant, pensant qu'il écrivait assez joliment, se fut mettre clerc*

(81) Remarquons l'insistance de J.-B. Grignion à donner trois fois de suite le prénom de Louis à ses enfants, en souvenir du grand missionnaire, dont la réputation allait alors croissant dans nos contrées.

chez un procureur à Rennes, il y a 16 ou 17 ans ; puis il se rendit à Paris où l'on dit qu'il entra dans un bureau, et que, se voyant bien, il manda à Louis Grignion, son frère, alors escholier au Collège de Rennes, de l'aller trouver à Paris, ce qu'il fit. On ajoute que ces deux jeunes gens trouvèrent quelques amis qui les protégèrent comme étant neveux de feu M. Grignion, grand missionnaire, mort en odeur de sainteté, et que l'on a déjà cherché à béatifier ; *de sorte que Louis Grignion eut l'agrément d'entrer au Séminaire du Saint-Esprit où il a pris l'habit noir.* »

On voit par là que J.-B. Grignion n'était pas riche ; les revenus de sa ferme du Plessix-Bois-Marquer, joints à ceux de sa terre de l'Abbaye et des maigres émoluments qui lui venaient de son greffe, avaient dû à peine suffire à élever autant d'enfants. Il est vrai qu'en ces temps lointains on savait se contenter de peu. Cependant, le lecteur aura remarqué que Me Grignion tenait à faire instruire ses enfants, témoin le passage de Louis-Constant au Collège des Jésuites à Rennes ; et nous savons par ailleurs que ses filles avaient été en pension chez les Ursulines, installées alors à Montfort, dans ce vieux couvent qui sert aujourd'hui de mairie et d'école communale des garçons.

D'après cette lettre intéressante de M. Juguet, en 1755, on voit que le nombre des enfants de J.-B. Grignion et de Marie Guyon avait beaucoup diminué. La mort avait fauché dix ou douze d'entre eux dans le bas-âge ; Félix, l'aîné, parti pour Paris, serait, dit-on, passé plus tard au Canada ; de sorte que, à sa mort, le père de cette magnifique famille n'avait plus que son fils, Louis, et trois filles pour lui fermer les yeux. Sa vieillesse, d'ailleurs, se prolongea : décédé le 12 décembre 1770, il fut inhumé le 13, au cimetière de Breteil, à l'âge de 82 ans. Aucun des Grignion n'avait encore vécu aussi longtemps.

***

Chose curieuse : sur les vingt et un enfants (de deux lits) que le Ciel donna à J.-B. Grignion, frère du Bienheureux, aucun garçon ne se maria ; si bien que le nom des Grignion s'éteignit avec l'abbé *Louis-Constant G.*, dont nous allons parler tout à l'heure. Auparavant, disons un mot de ses trois sœurs qui contractèrent mariage.

L'aînée, Françoise, née en 1728, épousa en 1754, à Breteil, noble homme Pierre-Charles Boisgontier, sieur de la Ville-

Héat, de la paroisse d'Iffendic. (Les Boisgontier étaient originaires de Plélan où leur famille était nombreuse et fort à l'aise). Les deux époux s'établirent à Plélan, au lieu de la Vieille-Ville, où Françoise Grignion donna au moins six enfants à son mari : Jean-Baptiste, Sébastien, Marc, Reine, Louise et Yves. Il va de soi que nous ne pourrons suivre plus loin chacun de ces enfants. Mais nous mentionnerons spécialement le troisième, Marc, né en 1760 ; car, c'est par lui que s'établit la descendance actuelle directe de la famille du Bienheureux.

Vers 1770, M. Boisgontier et son épouse étaient venus demeurer à Montfort, rue Saint-Nicolas. Plus tard, ils habitèrent sur la douve du Colombier, où M. Boisgontier mourut en 1783. Il laissait trois enfants : Marc, marié à Vannes; Sébastien, *absent du pays depuis longtemps ;* et Yves. Leurs biens furent alors partagés à l'amiable, et Françoise Grignion conserva seulement une rente viagère de 250 livres sur les revenus propres de son mari. Elle mourut elle-même à Montfort, rue de la Saulnerie, le 12 mars 1804. Le produit de la vente de son mobilier ne monta qu'à la faible somme de 926 livres.

Son fils, Marc Boisgontier, s'était marié à Vannes, en 1784, avec Dlle Jeanne Delisle, née à Dunkerque, fille d'un gros négociant de la paroisse Saint-Patern. De ce mariage nous ne connaissons qu'un fils, appelé Marc, comme son père, et qui continuera la famille. Devenue veuve, Jeanne Delisle quitta Vannes et vint habiter le Manoir, aux portes de Montfort. Elle s'y établit dans la partie appelée *le Pavillon*, que son mari avait acquise en l'an VIII (1800), pour 1.150 francs de rente annuelle et viagère à Reine Farnier, Dlle de la Cordonnais. Elle y mourut en 1836 ; son mari était mort à Vannes en 1807.

En 1822, Marc Boisgontier, son fils, né à Vannes en 1796, et qui demeurait alors avec elle au Manoir, épousait à Montfort Mlle Julie Poignant, fille de M. Jean-Cosme-Damien Poignant, juge d'instruction à Rennes, et de Thérèse Jamyot. Retiré plus tard à Montfort, M. Jean Poignant y mourut en 1848, rue de la Saulnerie, à 87 ans.

Marc Boisgontier et Julie Poignant eurent deux enfants : Jeanne, née en 1825, et Félix en 1827. Ce dernier mourut à Rennes le 16 avril 1850, quelques mois avant la bénédiction de la nouvelle église de Montfort. On lui doit le bel autel en marbre blanc qui la décore ; une inscription latine, placée derrière ce monument, rappelle son souvenir et sa générosité (80).

Jeanne Boisgontier, restée seule de la famille, épousa le 22 juin 1846 M. Jules Tiengou de Trefferiou, conseiller à la Cour d'Appel de Rennes. De leur mariage naquirent trois enfants :

1°) Jeanne Tiengou de Trefferiou, née à Nantes en 1847 ; mariée à M. le marquis de Pons, elle mourut à Rennes en 1917.

2°) Marie Tiengou de Trefferiou, née à Nantes en 1849, aujourd'hui veuve de M. Manuel Baudoin, décédé conseiller à la Cour de Cassation.

3°) Louise Tiengou de Trefferiou, qui épousa M. Audebert, alors percepteur à Vitré.

Mme de Pons étant morte sans enfants, la famille du Bienheureux se continue donc actuellement par les descendances de ses deux sœurs. Le nom de Grignion, aujourd'hui complètement éteint depuis plus d'un siècle, revit sous celui de leurs enfants, très honorés et très fiers de se dire eux aussi, comme Félix Boisgontier, les lointains petits-neveux du Bienheureux Grignion de Montfort.

Jeanne Boisgontier, veuve de M. de Trefferiou, n'eut pas la joie d'assister aux fêtes magnifiques qui furent données à Montfort en 1887, à l'occasion de la béatification de son grand-oncle ; elle mourut à Rennes quelques semaines auparavant.

Revenons aux sœurs de Françoise Grignion, Thérèse et Catherine, puis à leur frère Louis-Constant.

1°) Thérèse Grignion, née à l'Abbaye en 1738, avait d'abord épousé à Rennes noble homme Jean Lormier de Kerluno, négociant, qui mourut à Nantes le 12 janvier 1787, à 58 ans. Ils n'avaient pas eu d'enfants. En 1790, Thérèse Grignion épousa en secondes noces M. Casimir Rivière, gendarme à Montfort. En l'an III (1795), elle certifia devant le District « *qu'elle résidoit dans la municipalité depuis le 9 mai 1792, qu'elle n'avoit pas émigré*, etc. », et déclara

(80) En voici la traduction : « *En l'honneur de Dieu tout-puissant et en mémoire du vénérable Louis Grignion, prêtre, son petit-neveu F Boisgontier, avocat, mort prématurément, a voulu ériger pieusement cet autel de marbre, en 1850* ». M. Félix Poignant avait fait des recherches sur la famille du Bienheureux et dressé un premier tableau de sa généalogie, qui nous a été fort utile pour notre travail.

« *ne jouir d'aucunes pensions ou traitement* ». L'acte que nous résumons donne son signalement ; pourquoi ne pas le citer ici ? C'est le seul que nous possédions des nombreux membres de la famille Grignion : « *Agée de 50 ans, taille 4 pieds 10 poucés, cheveux et sourcis gris, yeux bleus, nez moyen, bouche ydem, front haut, visage ovale* ». En l'an IX, elle accepta de faire l'école aux fillettes de Montfort ; la classe se tenait dans l'ancien presbytère de Saint-Nicolas, sur la place de ce nom, lequel sert aujourd'hui de résidence à M. l'Aumônier de l'Hospice. Elle remplit cette fonction jusqu'à sa mort arrivée le 1er novembre 1802. Son mari était mort un peu avant elle, en 1801. Ils ne laissaient pas d'enfants.

2°) Catherine Grignion, née à l'Abbaye en 1740, épousa à Rennes M. Joseph Meslay (ou Meslet) qui la laissa veuve de bonne heure. Elle avait réuni en ses mains, par héritage et par transactions avec ses frères et sœurs la totalité des biens que possédait leur père à l'Abbaye, en Breteil ; et c'est elle qui vendit en 1790, à Joseph Denieul, menuisier du monastère, la maison paternelle, le lieu de Couascarre (Chêne-Colas), et les terres qui en dépendaient, pour une rente viagère annuelle de 220 livres, plus une certaine somme payée comptant. Catherine Grignion continua de résider à Rennes. Elle y mourut en 1818, rue d'Antrain, sur la paroisse épiscopale (aujourd'hui Notre-Dame), à 89 ans ; son acte de décès nous apprend que son mari était « capitaine de vaisseau marchand ». Eux non plus n'avaient pas d'enfants (81).

3°) Enfin, nous arrivons à Louis-Constant Grignion. Né en 1732, à l'Abbaye, il étudia d'abord au Collège des Jésuites à Rennes. De là il partit pour Paris, où l'attirait son frère aîné Félix, et, grâce à des recommandations et à son titre de neveu du grand missionnaire, il put entrer au Séminaire du Saint-Esprit, où le Bienheureux, son oncle, avait jadis essayé de recruter des sujets pour la Société qu'il voulait fonder. Il y reçut la tonsure, en novembre 1751. Mais, il semble bien qu'il dut renoncer peu après à poursuivre sa vocation ; car, un acte de Baptême de la paroisse de Cintré, du 13 juillet 1755, nous apprend qu'il était alors *chanoine de Saint-Claude*, en Franche-Comté.

---

(81) Rien ne prouve jusqu'ici que la famille Mellet (architecte), de Rennes, ait été apparentée au mari de Catherine Grignion. Il n'y a là qu'une similitude de noms. (*Note de feu M. le chanoine Mellet*).

Combien de temps l'abbé demeura-t-il attaché au fameux Chapitre ? Nous ne saurions le préciser. Mais, nous le retrouvons au Grand Séminaire de Saint-Méen, en 1772, où il se présentait pour l'examen des Ordres Mineurs. Il avait alors 40 ans. Son examen, sans être trop brillant, suffit à le faire admettre à l'ordination, qui eut lieu le 23 septembre dans l'église abbatiale de Saint-Méen. A partir de ce moment, Louis-Constant Grignion signa toujours *acolythe,* ou plus souvent *lecteur apostolique,* titre auquel s'attachait peut-être alors un avantage particulier.

Bientôt, il fallut songer au sous-diaconat ; or, afin d'y être admis, (comme on l'a expliqué plus haut, p. 28), la famille de l'ordinand devait lui fournir un *Titre clérical,* ou revenu annuel et viager de 60 livres au moins de rente inaliénable. Deux des sœurs de l'abbé Grignion, à défaut du père décédé en 1770, le lui firent établir par les notaires apostoliques sur des terres situées à l'Abbaye, en Breteil et en Bédée. C'était le 18 janvier 1773 ; Françoise Grignion, la sœur aînée, mariée à M. Boisgontier, demeurait alors à Uzel (diocèse de Saint-Brieuc), où son mari occupait un emploi dans la régie des boissons, et Thérèse habitait la rue d'Antrain à Rennes. Mais, ce *Titre clérical* ne servit point à leur frère. Que se passa-t-il ? Nous l'ignorons. Toujours est-il que Louis-Constant ne reçut point l'ordination du sous-diaconat. Une seconde fois, par scrupule de conscience peut-être ou pour telle autre raison, il abandonna les études du Séminaire et rentra dans le monde. Nous ne pouvons l'y suivre, faute de documents certains. On l'appela désormais *l'abbé du Bois-Marquer.* Il semble bien, d'ailleurs, qu'il résidait ordinairement dans la vieille gentilhommière, chez son cousin, Me Garson ; et même après la mort de celui-ci, en 1769, il continua d'y demeurer. Nous l'y retrouverons bientôt.

Louis-Constant Grignion mourut en 1793. Nous ignorons le lieu de son décès ; du moins, ce n'est ni à Iffendic, ni à Montfort, ni à Rennes, où il demeurait pourtant, un an plus tôt, à l'hôtel Balant, rue du Pré-Botté. Il fut le dernier du sexe masculin à porter le nom des Grignion. Il avait 59 ans. Un certain M. Bigot, de Rennes, lui servit jusqu'à sa mort une rente viagère de 150 livres qui l'aidait à vivre ; mais nous n'avons pu savoir rien de plus à ce sujet.

*
**

Pendant ce temps-là, que devenait le Bois-Marquer ? — Revenons-y, et voyons comment il sortit des mains de la famille Grignion.

A sa mort en 1733, Renée Grignion, sœur du Bienheureux, laissa la maison paternelle à son fils, Joseph-Augustin Garson, procureur au Présidial de Rennes. Celui-ci, marié d'abord en 1734, à Coulon de Montfort, avec Dlle Perrine Robert, qui ne lui donna point d'enfants et mourut en 1740 à Saint-Etienne de Rennes, convola en secondes noces à Saint-Aubin en Bonne-Nouvelle, le 24 mars 1742, avec Dlle Yvonne Duchemin, originaire de Montauban. Ce second mariage fut également stérile ; de sorte que, nul héritier en ligne directe ne pouvant recueillir l'antique maison du Bois-Marquer que la famille Grignion possédait depuis plus d'un siècle, elle allait prochainement sortir de ses mains. C'est ce qui arriva en 1782.

Nous ne suivrons point dans ses péripéties la vie de Me Joseph Garson, qui fut un homme au caractère assez violent, entêté, peu aimable pour sa famille. Cela nous entraînerait trop loin. Deux fois en vingt ans, Me Garson voulut résister au fisc qui lui réclamait de l'argent pour la taxe qui frappait la terre noble du Bois-Marquer, à l'occasion « des droits d'amortissement, de francs-fiefs et nouvel acquêt. ». S'étant obstiné à ne pas payer, il préféra se faire saisir en ses meubles, ce qui fut fait deux fois, d'abord en 1737 au Bois-Marquer, puis à Rennes en 1754, dans sa maison des Lices où il passait les mois d'hiver. Son grand-père et sa mère avaient payé sans contrainte ; Me Garson eût mieux fait de les imiter. Ses fermiers n'eurent point non plus à se louer de son autorité. Par ailleurs, il travailla à améliorer sa terre par des défrichements et travaux fort utiles. La mort le surprit au milieu de ces occupations ; il décéda au Bois-Marquer le 23 décembre 1769, à 62 ans, et fut inhumé le lendemain au cimetière d'Iffendic.

Pendant plus de douze ans, sa veuve jouit de son bien, en comptant leur part à ses héritiers. Puis, en 1782, elle voulut s'en défaire. Les héritiers n'acceptèrent que sous bénéfice d'inventaire. Celui-ci fut fait aussitôt et les propriétés mises en vente. Mais une clause spéciale, à savoir rente de 200 livres payable annuellement à Yvonne Duchemin, veuve de Me Garson, nuisait aux enchères, en grevant trop lourdement les charges de l'acquéreur. Trois adjudications successives demeurèrent sans résultat. Or, à ce moment, le 29 mars 1782, Yvonne Duchemin vint à mourir, et fut inhumée à Saint-Etienne de Rennes. Par le fait les choses allaient sans doute prendre une meilleure tournure. La vente fut retardée et fixée au 22 août suivant. Le résultat fut le même : les amateurs laissèrent s'éteindre les bougies sans nul succès... Enfin une dernière opération se fit le 29 août ; et, cette fois, le Bois-Marquer fut adjugé légalement à M. Le Menez, de Saint-Méen, pour la somme de 11.000 livres. Le nouveau propriétaire se fit mettre en possession par les notaires ; et, comme M. Grignion l'avait fait cent sept ans auparavant, il put prendre possession à l'église du « *vieux banc seigneurial, avec droit d'enfeu, tombeau, armoiries, écussons, et prééminences attachés à la ditte maison du Bois-Marquer, dans la chapelle de la Barre, en l'église d'Iffendic.* » Enfin, M. Le Menez acquitta peu après les droits de francs-fiefs, selon l'usage, « *pour vingt ans de jouissance d'iceux qui finiront le 29 août 1802.* » Il est vrai qu'en 1802, il y avait près de treize ans qu'on ne distinguait plus en France les biens nobles et ceux de roture ; la Révolution avait aboli tous les privilèges et nivelé tous les droits.

C'est ici que nous retrouvons l'*abbé du Bois-Marquer.* Comme il avait élu domicile chez son oncle et continuait d'habiter la gentilhommière depuis la mort de Me Garson, il voulut y demeurer encore après la vente. M. Le Menez essaya en vain de lui faire comprendre qu'il voulait occuper seul les appartements ; puis il lui permit d'y demeurer jusqu'à la Saint-Michel de l'année suivante, moyennant un prix de loyer déterminé. A ce moment, Louis-Constant Grignion s'obstinant encore à y résider, M. Le Menez dut le contraindre par les voies de droit à quitter le Bois-Marquer. Il semble que, par lui, la famille du Bienheureux s'attachait ainsi à ce vieux manoir où tant de souvenirs voulaient encore la ramener... Mais, il fallut céder, et la maison où un grand Saint vécut ses premiers ans passa complètement aux mains d'un étranger...

A la mort de M. Le Menez en 1796, son beau-frère, M. Desbois, président du Tribunal civil d'Ille-et-Vilaine, hérita du Bois-Marquer. Enfin, en 1822, la vieille gentilhommière fut vendue à nouveau et achetée par M. Pierre Ramé, de Rennes, dont la famille la possède encore aujourd'hui et la conserve avec respect.

CHAPITRE TROISIÈME

La Branche cadette des Grignion

Des six enfants que Jacquemine Saulnier avait donnés à Eustache Grignion de 1647 à 1663, seuls le premier et le dernier survécurent et nous sont connus : Jean-Baptiste, l'aîné, fut le père du Grand Missionnaire, et le frère de celui-ci, nommé Jean-Baptiste également, continua la lignée des Grignion de la branche aînée ; la souche des cadets fut Félix-Joseph Grignion, sixième enfant d'Eustache. Nous allons, très succinctement, dire un mot de sa descendance.

César-Félix-Joseph Grignion, — qui n'employa jamais que ses deux derniers prénoms, — né le 30 avril 1663, à Montfort, avait été envoyé de bonne heure au Collège de Rennes. En 1690, il acheta pour 2.633 livres les deux charges de « *conseiller du Roy et de receveur des deniers communs et d'octroys ancien et alternatif de la Ville et Communauté de Montfort* », qui le placèrent aux premiers rangs de la petite cité. En 1691, Jacquemine Saulnier ayant donné leur part à ses deux enfants, c'est Félix-Joseph qui hérita de la maison paternelle, rue de la Saulnerie, où était né le Bienheureux vingt ans auparavant. Nous en reparlerons tout à l'heure.

Il épousa en 1692, à Saint-Péran, Dlle Jacquette Thierry, de Coganne, en Paimpont, qui lui donna dix enfants : René (1694) ; — Yves (1695) ; — Eustache (1696) ; — Antoine (1697) ; — Jeanne (1698) ; — Joseph (1700) ; — Rose (1701) ; — J.-B. Luc (1702) ; — Joseph (1705) ; — et Joseph Vincent (1707). — Sur ces dix enfants, quatre nous échappent complètement ; disons un mot des six autres.

1°) *Jeanne.* — Née en 1698, habita longtemps, rue de la Saulnerie, la maison paternelle des Grignion qu'elle possédait indivise avec sa sœur Rose. Toutes deux en firent *aveu,* en 1733, au seigneur de Montfort, messire Joseph Huchet de Cintré. L'acte qui le rapporte — et que les propriétaires actuels de la maison gardent avec grand soin, — nous donne la description exacte de cette maison désormais historique (trop longue à rapporter ici). Il est signé de Jeanne et Rose Grignion, filles de Félix, et cousines-germaines du Bienheureux, mais non pas ses sœurs, comme certains auraient pu le croire (82). Ces deux demoiselles en avaient hérité de leur père, en compensation de la vente des biens maternels situés à Coganne, en Paimpont. La maison natale du Bienheureux, sans sortir des mains de la famille Grignion, était donc passée à la branche cadette, ce qui n'enlève rien d'ailleurs à l'authenticité de l'honneur qui lui revient pour avoir abrité la naissance d'un Saint.

Jeanne Grignion passa toute sa vie dans cette maison, dont elle louait une bonne partie à un des notaires royaux de Montfort, Me Pierre-Bon Alliou (83). Elle y mourut célibataire à 82 ans, le 28 octobre 1780, et fut inhumée au cimetière de Saint-Jean, en présence de tout le clergé des trois paroisses de la ville.

Par cette mort, la maison de la Saulnerie sortait de la famille Grignion. Elle échut en partage à une cousine de Jeanne, nommée Suzanne Jouno, veuve de n. h. Pierre Maubec, de Ploërmel. Plus tard, Me Pierre Alliou, qui l'occupait, en fit l'acquisition, et, par la suite, en vertu

(82) Il suffit de relire la longue liste des frères et sœurs du Bienheureux (page 21 et suiv.), pour se convaincre qu'aucune de celles-ci ne reçut le prénom de *Rose*; et si trois autres portèrent le nom de *Jeanne*, l'une mourut en 1686, l'autre en 1687, et la dernière en 1708. La tradition lointaine a donc confondu les noms. Mais, ce n'est pas changer l'histoire que de rétablir les dates et les faits; car, l'histoire est toujours perfectible et ne cherche que la vérité.

(83) Le père de Me Pierre Alliou s'appelait François. Il était originaire du Dauphiné, d'après son acte de décès dont nous transcrivons ici les premières lignes : « *Honorable homme François Vianès Alliou, ou Lioud, fils de François et de Dimanche Grand, originaire de la paroisse de Pizai, diocèse de Grenoble, notable et ancien trésorier de la paroisse Saint-Nicolas, âgé de 63 ans, veuf de Françoise Hallé, mourut le 22 décembre 1763... L'âge du décédé est tiré de son extrait de Baptême, délivré par M. Rival, curé de Pizai, et légalisé par M. Dumolar, official général du diocèse de Grenoble, en datte du 3 juin 1726.* » — Ce nom de *Vianès* ressemble de très près à celui du saint Curé d'Ars, et Pizai n'est pas très loin de Dardilly, paroisse natale de saint Jean Vianney. Qui sait si les deux familles ne se rapprochaient pas ? Par le fait, — qu'il faudrait contrôler, — la famille Alliou serait apparentée de loin au Curé d'Ars.

d'alliances, l'antique demeure est devenue la propriété de MM. Diéras, notaires de père en fils à Montfort, qui se font un honneur d'en être les fidèles gardiens. La vieille maison a subi depuis lors des transformations importantes, si bien que Jeanne Grignion et les parents du missionnaire ne la reconnaîtraient plus guère aujourd'hui. Cependant, la grande pièce à gauche en entrant, où la tradition montfortaise place la naissance du Bienheureux, en 1673, est assez bien conservée. Elle sert aujourd'hui de salon ; et, dans une place d'honneur, une jolie statuette du Père de Montfort y rappelle cette date et ce pieux souvenir. D'ailleurs, les propriétaires de l'antique maison se prêtent fort aimablement à la visite de ce lieu béni.

2°) *Marie-Rose.* — Née en 1701, elle eut pour marraine Eustache Jouno, sa grand'mère. Mariée en 1736 à noble homme Claude Filly, de La Chapelle-Bouessic, dans l'église de Breteil, alors sa paroisse, elle ne semble pas avoir eu d'enfants ; du moins, devenue veuve de bonne heure, elle revint à Montfort, puis à l'Abbaye, où elle mourut en 1760, âgée de 58 ans. Elle avait cédé, depuis longtemps à sa sœur Jeanne sa part de propriété de la maison natale du Bienheureux, dont on vient de parler. Elle fut inhumée au cimetière de Breteil.

3°) *Jean-Baptiste-Luc.* — Nous savons seulement de lui que, né en 1702, il mourut en 1732, à Drain (aujourd'hui département de Maine-et-Loire), où un des missionnaires du Bienheureux a découvert récemment son acte de décès. D'après cet acte, on aurait trouvé sur le défunt son certificat de baptême, signé du Recteur de Saint-Jean de Montfort, ce qui permit d'établir son origine. — Quand et comment J.-B.-Luc Grignion avait-il quitté son pays natal ? Nous ne saurions le dire au juste. Peut-être se rendait-il en pèlerinage au tombeau de son oncle à Saint-Laurent-sur-Sèvre. Ou bien une idylle ou un drame ne l'avaient-ils pas obligé à partir ?... On l'ignore. En tous cas, ses deux sœurs, Jeanne et Rose, payèrent 12 livres le 8 août 1732 pour le centième denier de sa succession.

4°) *Joseph.* — Né en 1704, il se fit Capucin à Rennes en 1734 et dut mourir au couvent de son ordre.

Nous savons par ailleurs qu'Antoine et Perrine Grignion étaient morts aux environs de Plélan vers 1725.

La mère de ces dix enfants, Jacquette Thierry, finit ses jours le 9 avril 1714, au Champ-du-Moulin, alors en Bédée.

L'inhumation devait donc avoir lieu dans cette paroisse. Le corps y fut porté pour la cérémonie, et la fosse était creusée dans l'église même, comme la chose alors avait lieu souvent. Mais, la messe finie, le corps fut rapporté à Montfort et inhumé dans l'église Saint-Jean, « *suivant les dernières volontés (de la défunte), quoique la terre fût ouverte dans notre église* », dit le registre de Bédée.

Mᵉ Félix-Joseph Grignion survécut longtemps à son épouse, et même il convola de bonne heure en secondes noces, ayant épousé à Messac, le 3 juillet 1715, Dlle Françoise Ramaceul, fille de noble Mᵉ François R., avocat à la Cour, et de Dlle Isabelle Gallays, sieur et dame de la Cour-Gohier. Sa nouvelle épouse avait 21 ans ; elle mourut en 1725, à Guipry, sans lui laisser d'enfants. Félix Grignion était alors « *Conseiller du Roy, Receveur et miseur de la Communauté de Montfort, et Greffier en chef de la ditte ville.* » On le désignait sous le titre de « *sieur de la Noë* ». Entre temps, il avait reçu du Roi ou bien acheté un titre de noblesse, et ses armes portaient : « *D'or, à un chevron de contre-hermine, accompagné de trois œillets de gueule, deux en chef et un en pointe.* » Malheureusement, Mᵉ Félix Grignion, qui semble avoir été un peu violent et entêté, eut à subir en son administration des deniers de la ville bien des ennuis et des difficultés. Il n'y fit point fortune, bien au contraire. Mais, il serait trop long et fastidieux de raconter ses déboires et ses malheurs. Disons seulement, pour terminer, que M. Félix Grignion mourut retiré à Bédée, au village de Sept-Angoisses, le 19 mars 1737, et qu'il fut inhumé « *dans l'église, auprès de l'autel de la Sainte Vierge* ». Il avait 76 ans. Toutes sortes de difficultés surgirent à propos de sa succession.

La branche cadette des Grignion, avec Félix-Joseph pour souche, ne donna donc point de postérité ; et nous avons vu que la descendance de la famille se continua par Françoise, fille de Jean-Baptiste, épouse de Pierre-Charles Boisgontier. Elle est encore assez largement représentée. Nous résumons en un tableau synoptique très simple sa généalogie abrégée ; le lecteur en suivra d'un coup d'œil le développement de 1612 à nos jours.

GÉNÉALOGIE

DE

LA FAMILLE GRIGNION

I. — *Charles Grignion* (1612)
marié à Louise Lechapt : 9 enfants, dont

II. — *Eustache Grignion* (1620)
marié à Jacquemine Saulnier : 6 enfants, dont

III. — *Jean-Baptiste Grignion* (1647)
marié à Jeanne Robert : 18 enfants, dont

LOUIS
le Bienheureux
(1673-1716)

IV. - *Jean-Baptiste Grignîon* (1689)
marié deux fois :
1° à Gilette Le Clerc : 5 enfants.
2° à Marie Guyon : 16 enfants, dont

V. — *Françoise Grignion* (1728)
mariée à Pierre-Ch. Boisgontier : 6 enfants, dont

VI. — *Marc Boisgontier* (1760)
marié à Jeanne Delisle, dont un fils

VII. — *Marc Boisgontier* (1796)
marié à Julie Poignant : 2 enfants :

VIII. — *Jeanne Boisgontier* (1826)
mariée à M. Jules Tiengou de Trefferiou :
3 enfants :

Félix Boisgontier,
avocat
(1825-1850)

1° *Jeanne Tiengou de T.*
(1847)
mariée à M. le marquis
de Pons d'Hostun,
morte en 1917,
sans enfants.

2° *Marie Tiengou de T.*
(1849)
mariée à
M. Manuel Baudouin,
conseiller à la Cour
de Cassation,
dont 2 enfants.

3° *Louise Tiengou de T*
(1857)
mariée à M. Audebert,
de Vitré, dont :

1° *Madeleine B.*
mariée
à M. Joseph
Oger du Rocher.

2° *Manuel B.*,
marié
à Dame Louise
Oger du R.

Fernande A.
mariée
à M.
René Daniel.

CHAPITRE QUATRIÈME

La Famille Robert, de Rennes

Ce chapitre sera beaucoup moins important que les trois premiers ; car nous ne pouvons nous étendre aussi longuement sur la famille Robert, d'où venait la mère du Bienheureux Grignion de Montfort, bien que les documents ne nous fassent pas défaut. Mais, il faut se borner. Nous irons donc à grands pas, laissant de côté les choses secondaires et ne nous attachant qu'aux faits principaux.

La famille Robert était originaire de Montgermont, près Rennes, où le village de la Vizeulle rappelle encore son souvenir (84). Sans remonter plus loin que le XVIIe siècle, nous arrivons à Mᵉ Thomas Robert, sieur de la Vizeulle, procureur à la Prévôté de Rennes, époux de Marguerite de Languedoc, qui fut le père de Mᵉ Jean Robert, sieur de Launay. Celui-ci, né en 1620, baptisé en l'église Saint-Sauveur, marié en 1644 à Françoise Timel, de Rennes, eut au moins 15 ou 16 enfants, tous nés et baptisés à Saint-Sauveur, sauf Jeanne, la future mère du Bienheureux Montfort, qui fut baptisée à Saint-Pierre en Saint-Georges. Nous donnerons plus loin son acte de baptême.

La famille Timel descendait de sujets Italiens, venus de Venise en France au XIIIe siècle, les Dobellerio, dont le nom, francisé vers le XVIe siècle, se changea en celui de Doublard (85). Vers 1545, René Doublard, écuyer, sieur de la Moinière, en Anjou, s'étant établi à Rennes, y épousa

---

(84) Robert de la Vizeulle, mort en 1402 recteur de Toussaints de Rennes, fut inhumé dans la Cathédrale où il avait fondé un obit. — Dom Robin Robert et Dom Pierre Robert vivaient à Montgermont vers 1530-1550. — Missire Julien-Robert y fut recteur en 1633 (Cf. G. DE CORSON, *Pouillé*, V, p. 289).

(85) Résumé d'une note généalogique donnée par le *Fureteur breton*, numéro de juin-juillet 1907.

Louise Charpentier. De ce mariage naquit Jeanne Doublard. Mariée à Laurent Michel, celle-ci eut pour fille Françoise Michel, qui s'unit en 1618 à Me Jean Timel : Françoise, leur fille, mariée à Me Jean Robert, devait être la mère de Jeanne, qui épousa Me Grignion de la Bachelleraye, avocat à Montfort (86).

Me Jean Robert, était procureur au Présidial ; il fut trésorier de la paroisse Saint-Sauveur en 1655 (87), et devint « *l'un des nobles bourgeois de la Ville et Communauté de Rennes* ». Au mariage de sa fille Jeanne avec J.-B. Grignion, en 1671, il demeurait rue Basse-Baudrairie, en la paroisse de Toussaints, dans l'église de laquelle fut célébrée la cérémonie (88). Mais, bien avant sa mort, il avait repris domicile en Saint-Sauveur, où son corps fut inhumé dans l'église même le 24 mars 1676. Il avait 56 ans. A l'annonce de son décès, la Communauté de Ville délibérant avait arrêté « *qu'il sera faict un service à ses frais dans l'église de Saint-Sauveur, à la commodité de la damoiselle, sa veufve, et les miseurs chargés d'y donner ordre* » ; ce qui fut fait (89).

Françoise Timel survécut longtemps à son époux ; décédée en 1688, elle fut inhumée, elle aussi, dans l'église Saint-Sauveur. Le jeune Louis Grignion avait alors dix-sept ans ; il étudiait au Collège de Rennes et logeait chez son oncle, l'abbé Alain Robert. Sa grand'mère aura donc pu le voir grandir en grâce et en vertu.

Nous ne pouvons nous arrêter à chacun des nombreux enfants de Me Jean Robert et de Françoise Timel; il suffira

---

(86) Françoise Timel avait trois sœurs, dont l'une mariée à Me Pierre Chevalier, sieur de la Hamonaye, procureur au Présidial. Leur fils, Jean-Pierre Chevalier, se fit Capucin à Laval en 1701 et devint prédicateur réputé. Il fut inhumé aux Capucins de Dinan, en 1745.

(87) Cf. *Mém. de la Société arch. d'I.-et-V.*, XXVIII, p. 277.

(88) Nous parlons ici, évidemment, de l'ancienne église paroissiale, située à l'endroit de la Halle-au-Blé et qui fut détruite en 1795 par un incendie (G. de Corson, *Pouillé*, IV, p. 592).

(89) Cependant, depuis 1659, « la chapelle des Minimes, rue Saint-Louis, était devenue l'église officielle de la Communauté de Ville qui décida dès lors que ses membres y seraient inhumés aux frais de la Ville ; elle y tint ses séances vers 1695 » (*Mémoires de la Société Archéologique*, XXXVII, p. 79). — Il y eut donc exception pour Me Jean Robert.

d'en signaler seulement quelques-uns, qui nous sont plus connus :

1°) Pierre, second de la famille, né en 1646, se fit capucin ; profès au Couvent de Rennes en 1668 sous le nom de frère Innocent, il y mourut et y fut inhumé.

2°) Noëlle-Thérèse (1655), épousa n. h. Claude Deffains, sieur de la Sauldraye, avocat au Parlement ; un de leurs fils, nommé Robert Deffains, mourut à dix-sept ans au Bois-Marquer, en 1699, et fut inhumé dans l'église d'Iffendic, à côté de ses cousins.

3°) Françoise, née en 1659, s'unit à M. Julien de Chassé, sieur de la Dohinais, notaire royal, proviseur expéditionnaire en Cour de Rome, de famille noble d'extraction. Sur leurs treize enfants, deux seulement survécurent et purent se partager l'héritage de leurs parents. Ce furent : Jean-Henry de Chassé, qui se fit d'abord Capucin, devint clerc minoré ; mais, au bout de cinq ans, ayant quitté le cloître pour rentrer dans le monde, il se maria, et remplaça son père comme notaire royal (90) ; — puis Dominique de Chassé qui servit d'abord dans les Gardes du corps, et quitta l'armée pour le théâtre où il devint premier chanteur de l'Opéra, joignant à des talents distingués des mœurs irréprochables. Il mourut à Paris en 1786, à l'âge de quatre-vingt-huit ans. — Julien de Chassé, leur père, avait perdu une bonne partie de sa fortune dans le grand incendie de 1720, qui dévora tout le quartier de la ville de Rennes où il demeurait (rue de la Cordonnerie, actuellement de la Monnaie).

4°) Gilles, qui, né en 1660, devint prêtre en 1685. N'étant encore que *minoré,* le 27 mars 1684, il fut pourvu du *bénéfice* de la paroisse de Lanrelas (entre Saint-Méen et Merdrignac), dont le recteur, M. Desbois, démissionna en sa faveur. Il dut attendre, pour occuper sa cure, d'avoir reçu le sacerdoce. Ayant pris possession le 31 octobre 1685, il ne gouverna que pendant deux ans, sa mort étant arrivée le 13 décembre 1687. Il avait vingt-sept ans. C'était un

---

(90) Jean-Henri de Chassé eut quatre enfants, dont l'un, Jean-Joseph, devint ingénieur des Ponts-et-Chaussées de la Généralité de Bretagne, en 1679, et arpenteur du Roi ; — une autre, nommée Jacquette, fit profession au monastère des religieuses Calvairiennes de Rennes, sous le nom de Jacquette de Saint-Cyr ; elle vivait encore en 1792 ; — puis Jeanne-Françoise, qui épousa M. Tual, huissier au Palais ; — enfin Anne-Marie. Ces deux dernières moururent sans postérité ; Jean-Joseph ne s'était pas marié.

prêtre de grande piété. Un fait le prouve : le 1er février 1687, « *pour se débarrasser* (dit-il), *des affaires temporelles et s'attacher uniquement au service de Dieu* », il fit abandon à ses frères et sœurs de tous ses droits sur les biens qu'il possédait, avec pouvoir à eux d'en user à leur gré, ne se réservant que certaines sommes qu'il destinait aux œuvres de son choix. Ainsi détaché des biens de ce monde, le pieux oncle ne faisait-il pas pressentir le neveu, dont l'esprit de pauvreté devait être poussé si loin ? (91). — Missire Gilles Robert fut inhumé dans l'église de Lanrelas, près la balustrade du grand autel, du côté de l'épître. Le Bienheureux aura pu prier sur sa tombe, quand il évangélisa cette contrée en 1707.

5°) Alain, né en 1653, qui fut prêtre, lui aussi, passa toute sa vie dans la paroisse de Saint-Sauveur, et dont la noble figure brille à côté de celle du saint missionnaire, son cher neveu. C'est lui qui l'hébergea dans sa demeure, à Rennes, quand le jeune Louis y fut envoyé en 1685 pour y suivre les cours du Collège ; c'est lui qui le forma, après sa mère, à la piété et à la vertu ; c'est lui qui surveillait son intelligence et son cœur : chose aisée, d'ailleurs, quand on sait combien le cher enfant avait de propension à la sainteté !... Plus tard, il le revit dans les différents passages du Bienheureux à Rennes, et, après sa mort, il recueillit ses souvenirs sur l'enfance et la jeunesse de Louis Grignion et composa tout un mémoire, malheureusement disparu depuis longtemps et qu'on apprécierait fort aujourd'hui (92).

Le *Titre clérical* de Missire Alain Robert est daté du 30 juillet 1677 ; le jeune clerc, encore simple tonsuré, demeurait alors avec sa mère « *en leur maison près l'église Saint-Sauveur, au Grand Bout de Cohue* (93) ». Dans le dio-

---

(91) La *Semaine Religieuse* de Saint-Brieuc a publié, en son numéro d'août 1925, quelques pages sur M. Gilles Robert, recteur de Lanrelas.

(92) M. le chanoine Blain, de Rouen, qui fut l'ami dévoué du Père de Montfort, commence ainsi les notes qu'il lui a consacrées : « *Sans m'arrêter au lieu de la naissance de M. Grignion ni à rien de ce qui regarde sa famille et sa première jeunesse, dont vous devez être instruit par les Mémoires de son oncle, je passe au temps que je l'ai connu...* » Ces notes de M. Blain sont restées manuscrites et conservées à Saint-Laurent-sur-Sèvre.

(93) Le Grand Bout de Cohue était une place qui s'étendait, avant l'incendie de 1721, sur la place Saint-Sauveur actuelle, sous les maisons Ouest de la rue de Clisson, et jusque sous la travée infé-

cèse de Rennes, l'Evêque exigeait 100 livres de rente annuelle pour le Titre clérical des ordinands. D'après cet acte, « *le dit Robert auroit pu en avoir davantage, si le partage de la succession de son père eût été faict entre luy et ses consorts* » ; dès lors, sa mère, en attendant ce partage, lui assura-t-elle par cet acte 100 livres et plus de revenu annuel et viager pris spécialement « *sur une maison et jardin sittués près la rue et faubourg de Saint-Hélier-les-Rennes, le tout appartenant comme fonds audit feu sieur de Launay-Robert, son père* ». — (N'est-ce pas dans cette maison que Me J.-B. Grignion et Jeanne Robert étaient allés d'abord se retirer, au sortir du Bois-Marquer, en 1706, comme nous l'avons dit plus haut ? C'est très probable. — (Voir p. 59).

Alain Robert devint prêtre en 1678, et il semble qu'il continua de demeurer avec sa mère jusqu'à la mort de celle-ci en 1688. En tous cas, lorsque, en 1683, Françoise Timel donna ses biens et ceux de son feu mari à partager entre ses cinq enfants encore vivants, l'abbé Alain Robert renonça pour sa part à la succession, se contentant de la portion qu'il avait reçue jadis lors de sa tonsure, en 1677.

Son père lui avait donné le titre de *sieur de la Vizeulle*. Or, cette propriété, sise en Mongermont, et qui fut sans doute le berceau de la famille Robert, ne lui appartint jamais ; elle échut dans ce partage à son frère cadet, l'abbé Gilles, futur recteur de Lanrelas. A la mort de celui-ci, la Vizeulle revint à Jeanne Robert, mère du Bienheureux ; elle passa plus tard aux mains des Chassé.

Toujours très désintéressé, Missire Alain Robert renonça également à la succession de son frère Gilles, en 1687, et, l'année suivante, à la mort de sa mère, il n'accepta que quelques meubles qui lui étaient plus chers.

Ce bon prêtre devint plus tard *sacriste* de la paroisse Saint-Sauveur. C'était un emploi très envié. Nous ignorons au juste l'année où Missire Alain Robert en devint titulaire. Certains ont pensé qu'il occupait déjà ce poste dès le temps où il reçut chez lui son neveu, Louis Grignion, en 1685 (94). Nous ne le croyons pas ; il ne dut l'obten-

---

rieure de l'église Saint-Sauveur. La *Cohue* était un marché couvert tout proche et fort ancien. (Cf. P. BANÉAT, *Le vieux Rennes* : Rue de Clisson, p. 191).

(94) Tous les biographes du Père Montfort ont dit qu'il avait habité chez son oncle « *le sacriste de Saint-Sauveur* », dès son arrivée à Rennes comme étudiant.

que beaucoup plus tard. En 1685, le sacriste s'appelait M. Hémery, qui fut remplacé par Missire Jean Mahé. Celui-ci, dans son testament en 1717, se disait « *sacriste de S. S.* (95) ». Il est vrai que M. Robert signait depuis déjà longtemps « *sacriste* » dans les actes religieux. C'est donc qu'il avait dû être adjoint à M. Mahé. Quand ? Nous ne saurions le dire exactement ; mais nous pensons que ce fut au début de 1713. Jusque-là, dans aucun acte, Alain Robert n'avait pris ce titre ; on le trouve pour la première fois dans l'acte de mariage de J.-B. Grignion du Bois-Marquer, son neveu, avec Gilette Le Clerc, et tous les actes où son nom paraît le portent désormais.

Ce fut un prêtre très considéré dans sa paroisse et dans la ville de Rennes. On le voit parfois exécuteur testamentaire de prêtres, ses confrères. En 1729, lors de la translation de N. D. des Miracles et Vertus dans Saint-Sauveur réédifié, M. Alain Robert assistait à la fête et signa au procès-verbal (96).

Comme sacriste, il recevait 100 livres par an, d'après les comptes de paroisse de 1725. Au moment de l'incendie de 1721, il demeurait, comme la plupart des employés de l'église, rue de la Mitterie, dans des maisons antiques appartenant à la Fabrique paroissiale ; or, elles furent complètement ruinées par le feu, ainsi que le presbytère, situé rue Tristin, et l'église elle-même. Nous ignorons où il demeura dans la suite. Son acte de décès ne le dit point. Le voici, tel que nous le donne le registre de Saint-Sauveur, sa paroisse, où il fut inhumé :

« *Le corps de noble et discret Missire Alain Robert, sieur de la Vizeulle, vivant ancien sacriste de cette paroisse, âgé d'environ quatre-vingt-trois ans, décédé d'hyer, muni de ses Sacrements, a esté ce jour 27 aoust 1735, enterré dans le cœur de cette église, après avoir mené une vie très édifiante.* » (Halligon, curé).

Comme son prédécesseur, M. Hémery, l'abbé Alain Robert avait fait en mourant une fondation pieuse au profit de la *Confrairie des agonisants de la paroisse Saint-Sauveur*. On voit les héritiers du bon prêtre, en 1738, payer au prévôt de cette confrérie la somme de 22 livres 4 sols

---

(95) Minutes de Tirel, notaire, *Archives d'Ille-et-Vilaine*, série E, 1717.

(96) Cf. *Bulletin et Mémoires de la Société Archéologique*, 1912, tome XLI, 2e partie, p. LXVII.

5 deniers, prise sur le revenu de ses biens, et le Présidial de Rennes venait de décider qu'il en serait ainsi tous les ans désormais.

6°) JEANNE ROBERT, née en 1649, la future mère du Bienheureux Montfort. — Alors que tous ses frères et sœurs étaient nés en Saint-Sauveur, elle vit le jour sur la paroisse de Saint-Pierre en Saint-Georges, sur laquelle se trouvaient les parents de sa mère. Voici, d'ailleurs, son acte de Baptême :

« *Jeanne, fille de Me Jean Robert, sieur de Launay, procureur au Siège présidial de Rennes, et de Dlle Françoise Tymel, sa compaigne, est née du 26 janvier présent mois, dans la paroisse de S. Pierre en S. Georges dudit Rennes et baptisée dans l'église de ladite paroisse par le Recteur d'ycelle, où ont été parrain noble homme Laurent Lézot, sieur de la Richardière, et damoiselle Jeannette Tymel, compaigne de n. h. Anthoine Sauvageau, sieur du Bois-Durand, procureur en la cour, marraine, le 28 dudit janvier mil six cent quarante-neuf.* » (Signé : J. Quenouillère, recteur) (97).

Jeanne Robert, demoiselle de Launay, épousa en 1671 Me J.-B. Grignion, sieur de la Bachelleraye. Mère de dix-huit enfants, dont un missionnaire, élevé sur les autels en 1888, d'un dominicain, d'un prêtre séculier, de deux religieuses, dont l'une morte en odeur de sainteté, la fille de Me Jean Robert et de Françoise Timel mena une vie toute humble et retirée, non exempte de soucis et de peines, mais sanctifiée par les grâces nombreuses que le Ciel dut lui accorder. Nous n'ajoutons rien ici à ce que nous en avons dit par ailleurs. Le Bienheureux, écrivant un jour à son père, lui recommandait de ne pas trop s'attacher aux biens périssables de la terre. Il ne semble point avoir fait le même reproche à sa mère, dont l'âme, plus haute sans doute, goûtait davantage peut-être les choses de Dieu. En tous cas, la gloire de Jeanne Robert fut d'avoir élevé un Bienheureux du Ciel, dont le nom rayonne aujourd'hui dans tout le pays. C'est son titre d'honneur devant la postérité.

***

Nous ne connaissons actuellement aucun descendant direct des frères et sœurs de Jeanne Robert ; leur postérité,

---

(97) M. Quenouillère était natif de Gévezé ; il y fut inhumé le 27 mars 1675.

autant qu'on puisse le savoir, est éteinte depuis longtemps. Seule, pensons-nous, la famille Chaumet actuelle (de Plélan-Rennes-La Guerche) peut revendiquer alliance avec les Robert. En effet, l'aïeul de cette famille Chaumet, M. Gilles Louvel de la Maison-Neuve, s'étant marié en 1740 à Marguerite Papion, cousine-germaine de Jeanne Hubert, épouse de Me Jean-Henry de Chassé, les enfants de celui-ci, neveux du Bienheureux de Montfort, étaient cousins au troisième degré des enfants de M. Gilles Louvel par leur mère. Alliance un peu éloignée sans doute, mais dont s'honore à bon droit la famille Chaumet, qui, d'ailleurs hérita de la plupart des titres et papiers concernant les Robert, à la mort de Jeanne de Chassé, en 1805, et les conserve toujours avec respect (98).

Tel est le sort des choses ! Les familles même les plus nombreuses s'effritent et disparaissent avec le temps, laissant la place à d'autres qui, sous des noms nouveaux, continueront les traditions et les vertus de leurs devancières... Que du haut du Ciel le Bienheureux Montfort bénisse tous ceux qui représentent encore ici-bas la belle et large descendance de J.-B. Grignion et de Jeanne Robert, ses chers parents, et tous ceux qui se rattachent par un lien quelconque à son nom vénéré !

Vive le Bienheureux Grignion de Montfort !

J. Hervé.

---

(98) Ces papiers, classés jadis avec grand soin par le R. P. Chaumet, bénédictin, nous ont été fort utiles pour la rédaction de ce chapitre. Merci à Mlle Chaumet de nous avoir permis d'y puiser à notre gré. — Merci également à Mme Ramé-Abrand, de Rennes, qui nous a ouvert si largement ses liasses intéressantes concernant le Bois-Marquer.

Imprimi potest :

Rennes, le 21 Septembre 1928,

H. GAYET,

vic. gén.